자전적 에세이

자전적 에세이

빛을 따라 살아온 나날들을 조각보에 싸서 전해주는 이야기

# 꿈을 담은 조각보

글 김선희   그림 김혜인

드림북

추천사

# 빛을 그린 『꿈을 담은 조각보』

최홍덕
(전 서울장신대 학장)

　빛이란 신비로운 것이다. 순간 나타났다가 어느새 사라져 버리기도 한다. 그 속도는 아무도 측정할 수 없을 정도로 빠르기까지 하다. 하지만 빛은 반드시 여운을 남긴다. 말하자면 흔적이리라. 빛이 머물렀던 자리에는 따스함이 있다. 빛이 지나간 틈바구니에선 생명이 움튼다. 어쩌면 인생이란, 더욱이 아름다운 인생이란 이 빛과 같은 것이 아닐까?

　새파랗게 젊은 나이에 나는 신학교 강단에서 조직신학을 가르치고 있었다. 어느 해 여느 학생들에 비해 느지막이 신학교의 문을 두드린 한 학생과 조우하게 되었다. 세상의 때가 전혀 묻지 않은, 마치 아침 이슬의 해맑음이 미소 띤 얼굴에 가득차 넘쳐흐르는 중년 부인이었다. 차츰 나는 그 학생 속에 잠재된 지적인 예리함과 감성적인 민감함, 그리고 영적인 윤택함 등을 엿볼 수 있게 되었다. 그 학생이 바로 이『꿈을 담은 조각보』를 쓴 김선희 목사님이다.

김 목사님과는 흔히 말하는 '스승과 제자'라기보다는 삶과 신앙과 학문을 커피 한 잔 속에 녹일 수 있는 오래된 '벗'으로 지내고 있다. 극제우편으로 부쳐온 『꿈을 담은 조각보』의 원고를 받아 읽으면서 나는 여기에 담긴 글들이야말로 한 빛으로서의 목사님의 흔적들이라고 생각해본다. 그의 인생의 여정에서 보고 경험하고 느낀 것들에 대한 편린인 것이다. 어쩌면 우리네 인생은 빛처럼 지나가버리는 것인지 모른다. 그러나 그 빛의 여운이 그 빛 자체를 투영해내는 결과물로 남겨진다면 그 빛은 잠시 머물렀던 것이 아니라, 오히려 생명을 창조할 만큼 오래 머물렀던 것임이 틀림없으리라.

예부터 전해지는 말 중에 "메멘토 모리, 메멘토 도미니!"(memento mori, memento Domini!)라는 게 있다. "죽음을 기억하고, 주님을 기억하라!"는 뜻이다. 나는 이 말 속에서 인간의 〈사생관〉(死生觀)을 음미해본다. 말하자면 인간은 자신의 죽음을 내다보면서 주어진 인생을 어떻게 살아야 할 것인가 하는 문제이다. 목사님의 이 책 속에는 이러한 질문이 끊임없이 제기될 뿐만 아니라, 자신의 삶을 통해 이 질문에 답하고 있음을 엿볼 수 있다. 사랑하는 이들과의 사별의 경험, 우정, 일생의 과업을 건 고투, 여행, 연극, 영화, 독서 등에서 얻은 나름의 인상과 감상, 독서와 강의와 저술 등을 통한 학문적 세계, 사랑스런 손자들에 대한 애틋한 정에 이르기까지 다양한 면모를 생생하게 들려준다. 무엇보다도 "메멘토 도미니!", 즉 님과의 친밀함, 모든 영광을 주께 돌리고자 하는 신앙의 깊이 속에서 목사님의 영원에 잇댄 삶의 향기를 맛볼 수 있다. 세례 요한이 예수 그리스도를 가리키면서 "보라, 세상 죄를 지고 가는 하나님의 어린 양이로다!" 하고 외쳤던 것처럼, <한 빛>으로서의 목사님의 삶 역시 손가락을 내밀어 <참 빛>이신 주님만을 가리키고 있는 것이다. 이러한 여러 차원의 빛의 여운들을 들여다보면 볼수록 그만큼 김 목사님 자신이 자신의 인생에 형언할 수 없을 정도로 충실하고 있음을 피부로 느낄 수 있다. 이 책을 접하는 이들마다 '이제부터는 나의 인생도 더욱 풍요롭게 엮어나가고 싶다'는, 계산서에 다 넣을 수 없는 빛의 자극을 얻게 되기를 기대해 본다.

2019년 12월

추천사

## 『꿈을 담은 조각보』에 부쳐

염 정 임
(한국수필문학진흥회 기획위원, 국제펜한국본부 이사)

하나님의 신실한 딸, 김선희 목사께서는 몇 년 전에 『우리가 몰랐던 창세기』라는 역저를 펴내어, 믿음의 형제들에게 창세기에 숨겨진 오묘한 하나님의 뜻을 깨닫게 해 주었습니다.
이번에는 신앙 에세이 집, 『꿈을 담은 조각보』를 상재하니, 끊임없이 사색하며, 주님과 동행하는 목사님의 모습이 참 보기에 좋습니다.

이번 책에는 목사님의 일상생활에서 나온 글들이라, 보다 친밀하고 공감되는 부분이 많습니다. 가슴에 묻어둔 슬픔과 자라나는 손녀들에 대한 경이로움, 그리고 30년에 걸친 목회 생활에서 느낀 감정을 숨김없이 표현했습니다.
저자의 표현대로, 조각보를 이어 붙이듯이 그의 삶에서 경험한 빛과 그림자를 생생하게 읽을 수 있습니다.
저는 소녀 시절부터 그와 한 울타리에서 학창 시절을 보내었기에 그의 인간됨을 잘 알고 있습니다. 그의 성실함과 매사에 충실함, 그러면서도 섬세한 감수성과 따뜻한 마음을 잘 아시는 하나님께서 그를 목회자로 쓰셨다고 확신합니다.

"주님의 정원"이라는 말씀센터를 시작으로, "로고스 교육 선교회"를 운영하며, 많은 열매를 맺었고, 이제는 저술을 통하여 주님의 나라가 확장되기를 기도하는 목사님의 꿈이 이루어지기를 빕니다.

독자들도 『꿈을 담은 조각보』를 통해서 하나님의 신비롭고 놀라운 사랑을 느끼고, 새롭게 하나님을 만날 수 있기를 소망해 봅니다.

2019년 12월

## 프롤로그

  나무들은 봄, 여름. 꽃으로 피어 있다가 가을이 되면 열매로 자기 모습을 마감하는 것을 봅니다.
  우리의 삶의 인생도 끝 무렵이 오면 나름대로의 열매로 자신을 남기고 싶어하는 것 같습니다.
  이곳에 수록된 글들은 가로, 세로 그리고 높이라는 시간 속에서 쌓여진 저의 삶의 흔적을 한데 모아 책으로 엮어 본 글 꽃들의 모음입니다.

  나이가 들수록 시간은 마치 쏘아버린 화살처럼 빠르게 가버리는 것 같습니다. 어느날 퇴색된 누런 종이 위의 글을 들춰보니 마치 흩어져 구르고 있는 구슬 알 같다는 생각이 문득 들었습니다. 그래서 십년 고개를 두

번이나 넘은 먼지 낀 글들을 정리하면서 저의 작은 글 조각보를 만들어 보았습니다. 옛 어른들이 "구슬이 서말이라도 꿰어야 보배니라."라고 하시던 말씀이 떠올랐습니다. 그러고 보니 쌓아둔 보따리글들은 언제 자기 보자기를 풀어줄 것인지 기다리고 있는 듯싶어 풀어보기로 했습니다.

그때로부터, 꼭 써 내야하는 리포트 숙제도 아니것만 저는 한 여름 속, 천장 위에서 내리치는 시멘트 열기를 받으면서, 몇날 며칠을, 대지 위를 정신없이 달려가는 아프리카의 어느 짐승처럼 해묵은 글들을 꺼내어 씨름하는 시간을 가졌었습니다.

어느 순간 아랫입술이 두툼해서 만져보니 부르트기 시작하는 것이었습니다. '어머! 내가 왜 이러지?…' 하지만 마음은 이상하게 홀가분 했습니다.

먼 훗날, 이 작업 후 여러 해 써 놓았던 자료들이 휴지로 버려지지 않고 한 권의 책으로 남을 것을 상상해 보았습니다. 저의 가족과 친척, 친구들 그리고 이름 모를 이들에게 제가 걸어 온 삶의 자국, 자국의 편린들이 겨울 눈위에 도장처럼 남을 수 있다면, 아니 그리 아니할지라도 저는 이대로 감사하고 보람을 느끼게 될 것 같습니다.

오늘 이 밤 형광 불빛 아래서 글을 쓸 수 있다는 이 한가지만으로도 하나님께 영광을 돌리며, 모든 것을 대신하는 "감사"를 또 한 번 떠올리면서 내 인생의 조각보의 첫 페이지를 여는 머리글을 써 보았습니다.

2019년 10월 어둠이 찾아오는 저녁 창가에서

- 차 례 -

추천사

프롤로그

1부 **일상 속의 흔적**

크리스마스 선물 • 17
첫 강의 • 20
4월의 월간지 • 24
행운의 열쇠 • 28
편지들의 만남 • 30
    작은 아씨들 우체통 • 30
    색소폰을 부는 여인 • 39
    끊어진 현을 잇는 노교수 이야기 • 45
그 날 • 50
영화 감상 : 블랙(Black) • 55
영화 비평 : 다빈치 코드 / 오로라 공주 / 친절한 금자씨 • 60
연극을 보고 나서 : 그녀와 그녀의 목요일 • 67
어느 사제의 침묵 • 72
빛의 소리 • 78

## 2부 여행 스케치

LA 롱비치 해안을 바라보며 • 85
일본 구경 • 88
남해의 그림엽서 • 95
주님의 숨결을 찾아서 • 101
신의 계곡을 찾아서 • 119

## 3부 빛의 여운

초록 창가 • 129
양화진 묘소 • 135
엽전 두 닢 • 139
아기 천사들 • 141
표주박에 담긴 감사 • 145
새싹들의 행진 • 148
그리움을 남기고 • 152
여러분을 만나면서 • 155
아롱이, 다롱이 이야기 • 157

## 4부 사색의 뒤안길

『한 아이 (One Child)』 • 167

『IQ는 아버지, EQ는 어머니 몫』 • 172

『윌리엄 캐리와 성경의 문명개혁 능력』 • 178

『블루오션 전략 (Blue Ocean Strategy)』 • 184

융의 정신분석 이론 이해 • 190

융 심리학의 특징 • 194

『천국가는 외길』 • 200

에필로그 • 209

독후감 • 212

1부
# 일상 속의 흔적

# 크리스마스
# 선물

깊어가는 밤.

어둠이 소리 없이 대지를 덮기 시작하더니 흰 눈이 가로등 불빛을 타고 뽀얗게 내려 앉는다. 올 들어 처음 오는 눈이다. 문득 어렸을 적 할아버지가 하셨던 일이 떠오른다. 뒷마당에 묻어 둔 김장독 위에 눈이 소복이 쌓일 때쯤이면, 할아버지는 땅 속에 무를 묻어 주시곤 한 개씩 꺼내다 먹으라고 하시며, 무 위에 둥그렇게 짚을 엮어 둥지를 만들어 놓으셨던 일이 기억난다. 그때에도 짚으로 만든 둥지 위엔 흰 눈이 내렸다.

이 밤 집 앞 놀이터에 서 있는 커다란 버드나무 가지 위에도 그 눈은 여전히 내려 앉는다. 벤치 위에도, 철봉대 위에도 사뿐히 내려 앉아 모두에게 흰 옷을 입히고 있다.

창문에 부딪치는 눈발을 멍하니 바라보다가 문득 오 헨리의 「크리스마스 선물」에 나오는 델라를 떠올렸다. 델라는 마음이 착하고 아름다운 여성이다. 어느 해 크리스마스가 다가오자 둘은 서로에게 줄 선물을 마련하고 싶었는데 돈이 없었다. 아내는 곰곰이 생각하다가 남편의 시계에 줄이 없어 못 차는 것을 알았기에 시계줄을 사줄 결심을 한다. 마침내 남편 모르게 머리카락을 자르곤 머리에 수건을 쓴 채, 자른 머리카락을 판

1부 일상 속의 흔적 17

돈으로 남편의 금시계 줄을 사가지고 돌아온다. 그것을 모르는 남편은 그날 마침 사랑하는 아내의 고운 머리를 빗겨줄 예쁜 빗을 사주고 싶어서 자신의 시계를 팔아 빗을 사가지고 들어온다. 그 순간 이 둘이 마주친 눈빛을 상상해 본다. 아마도 이처럼 고운 만남은 눈처럼 하얀 만남일 것이다.

그러니까 벌써 십수 년 전 일이다. 어느 날 퇴근 시간이 될 무렵 남편 회사에 나가고 있는 사촌동생이 찾아왔다.
"언니! 오늘 저녁 형부 늦으시는데 형부가 언니에게 이거 주라고 하셔서, 내가 가지고 왔어." 하며 내민 것은 작은 색동 주머니 속에 든 자색 수정 반지였다. 난 그때까지 결혼반지 말고는 한 번도 다른 반지를 받아본 적이 없어서 적이 마음속으로 "웬일이니? 형부가 이런 것을 다 사주시게…"
"이상하다 얘."하며 손에 잡히는 꼬리표 가격을 들여다보니 꽤 비싼 가격이었다. 또 한 번 놀라면서 가슴이 왠지 두근거리기 시작했다. 사연인즉 내가 받은 반지 선물은 거래처 여직원에게 줄 선물로 살 때 한 개를 덧붙여 사게 된 것을 알았다.
그날 밤 난 반지를 끼고 자면서 그 손을 바닥에 내려놓질 못했다.
그 후 몇 날이 지난 어느 날, 그 동생이 무슨 일로 다시 찾아왔다.
"언니! 지난번 반지 맘에 들어?"
"응" "형부가 아무 말 안 하셔?"
"응" "그런데 왜 그래?"
아무것도 아냐, "뭔데?!" 난 궁금해서 바짝 다가가 물었다. 동생은 무엇이 그리 우스운지 연상 웃음을 감추질 못했다.

"언니, 사실은 선물 관계로 몇 개를 살 때 형부가 언니 것도 하나 더 사라고 하시며 웃으시던서 '언니 줄때 0하나 더 붙여서 전해주라, 하시지 않겠어. 그리곤 비밀로 하라는 거야." "뭐! 형부가 그러셨어?!" 난 그 말을 듣는 순간 우습기도 하고 어이가 없었다. 그리고 보니 그날 밤 내가 남편에게 내 손을 자랑스럽게 보여줄 때 그가 의미 있는 미소를 머금던 생각이 난다. 그리고 자세히 보니, 가격이 쓰인 끝 자에 붙은 'O'이 앞의 O이라는 숫자들과 다르게 모양이 옆으로 조금 비뚤어져 있었던 것이 기억난다.

'어머나! 얼마나 비싼 것을 사주고 싶었으면 그렇게 장난을 쳤을까?' 말없이 주고있는 그의 사랑 앞에 자수정 반지가 더 반짝여 보였다.

그때의 그 일을 기억하다보니 갑자기 마음에 파문이 일기 시작한다. 밖에는 눈이 더욱 세차게 내린다. 못내 잠자리에 들질 못하고 방안을 서성댄다. 요란하던 차 소리도 점점 줄어든다. 아마 밤이 꽤 깊어가는가 보다. 모두가 잠들어가는 이 밤, 그리운 이는 내 곁에 눈처럼 오시고 있다.

소리 없는 발자국으로 손엔 등불을 들고 찾아으시고 있다.

님이여!

당신이 이 밤 내게 줄 크리스마스 선물은…

## 첫 강의

드디어 팔월 마지막 주 금요일이 다가왔다. 몇 차례 자다 깨다 날이 새었다. 깨어보니 아침 6시 30분. '오늘 강의를 어떻게 할 것인가?' 준비해 둔 자료를 다시 한번 훑어봐야 할 터인데 도무지 손에 잡히지 않아 공연히 마룻바닥을 청소기로 밀면서 서성거렸다.

마침내 12시가 채 못 되어 집을 나섰다. 강의시간은 아직 네 시간 가량 남았는데 무엇이 그리 급한지… 마치 초등학교 입학한 어린이가 교문도 열리기 전 아침 일찍 가방 메고 학교 가는 모습이 연상되었다.

뒤돌아보면 십사오 년 전 나는 신학교를 늦둥이 학생이 되어 다니기 시작했다. 그런데 그 세월의 언덕을 넘고 넘어, 오늘은 가르치는 선생님이 되어 그 교탁에 서게 된다고 생각하니 참으로 여러 추억들이 주마등처럼 지나갔다.

학교 근처 책방에서 요로다께가 쓴 『죽음의 벽』이란 책을 주문하고, 헨리 나우웬이 쓴 『춤추는 하나님』 일부를 복사했다. 학생들에게 나누어 줄 분량을 복사했기에 들기에 꽤 무거웠다.

먼저 외래 강사 대기실 방으로 들어갔다. 잠시 후 주위를 둘러 보았다. '아! 이곳은 늘 외부 교수님들이 강의 전 기다리는 장소인데 오늘은 내가

여기에 앉아 있다니…'

아직은 여름의 끝자락 팔월 말이라 늘씨가 여전히 후덥지근했다. 하지만 날씨보다 더 더운 건 내 마음이었다. 강의시간이 점점 가까워오니까 나도 모르게 화장실을 들락날락 거렸다.

강의시간 오분 전, 난 강의 재료를 옆에 끼고 303호실 문을 두드렸다. 인터넷 등록상으로는 수강생이 열대여섯 명이었는데 교실에 들어서니 약 사십 명 가량이 앉아 있었다. '어찌된 일인가?' 나중에 알고 보니 일단 오늘의 '첫 강의'를 듣고 수강신청 변경 여부를 결정하려고 예비차 들어온 학생들이었다. "실천적 죽음 신학" '대체 어떤 과목일까?' 아마도 제목에 궁금증을 느끼고 들어온 것 같았다.

교실에는 백열등이 낮인데도 환히 비치고 있었다. 교탁 위에 재료들을 놓고 학생들을 마주 보며, 마침내 수업에 들어갔다. 처음엔 서먹서먹하고 조금 떨리는 듯 했는데 하다 보니 어디선가 미처 생각지 못했던 말들이 술술 나오기 시작했다. 내가 생각해도 이상했다. 성령이 함께하심을 내 영이 감지하고 있었다. 구십 분 강의시간이 모자랄 지경이었다. 간간이 학생들이 웃고 '와!'하고 소리쳐 교실 안에 화기가 돌았다. 강의 중간쯤엔 어느 학생의 질문을 받고, 오늘 강의자로서의 내 자신이 어떻게 이 자리에 서게 되었는지 그 경위를 자연스레 얘기하는 시간도 가졌다.

오후 5시 30분. '뼁!' 수업을 끝내라는 벨소리가 울렸다. 마지막 이십분 정도는 야고보서 4장 13~17절 "너희는 잠깐 있다가 없어지는 안개니라." 이 본문을 가지고 풀어나갔다. "생은 시작이 있는가 하면 끝이 있는 법입니다." "물론 누구나 알고 있지요." "모래시계를 거꾸로 들면 위로부터 모래가 솔솔 내려가다가 어느 순간 멈춰버리듯이, 지금 이순간도 시간은 가고 있습니다. 그러기에 시간은 곧 생명이지요." "학생 여러분! 이 땅의 삶은 어쩌면 주어진 시간과의 싸움인지도 모르겠습니다."…

잠시 숙연한 분위기가 감돌기도 했다. 수업을 마치려 할 무렵 학생들의 표정을 보니 다소 안심이 되었다. '아, 첫 수업을 죽을 쑤진 않았나보다.' 마지막 기도함으로 수업은 끝이 났다. 그런데 조금 있다 갑자기 학생들이 모두 일어서서 내게 박수를 보내는 게 아닌가?! '이 어찌된 일인가?…' 갑작스런 박수소리에 교실 안 공기도 놀랐을 것 같다.

교탁의 재료를 다시 챙겨 막 단을 내려오려는데 어느 여학생이 내 앞에 다가왔다. 난 웬일인가 해서 그 자리에 우뚝 서버렸다. 그랬더니 그 학생은 은박지에 싼 두툼한 덩어리를 내게 건네주는 것이었다. '이게 뭘까?' 받긴 받았는데 내심 궁금했다. "교수님, 이거 단호박 찐 건데 교수님 드리고 싶어서 가지고 나왔습니다. 받아주세요!" '이럴 수가…' 고맙기 그지 없었다.

계단을 내려와 일층 복도를 막 걸어가고 있을 때였다. 누가 뒤에서 나를 부르는듯해 뒤돌아보았다. 두세 명이 내 뒤를 따라왔던 것이다.

"교수님, 오늘 수업 끝날 때 해 주셨던 기도문 저희 좀 주실 수 없어요?"
"네?"
"그 기도문 복사하고 싶어서요."
"아, 그러죠."

"여기 있어요." 노트 속 갈피에 넣었던 기도문을 꺼내 주었다.

'누에가 뽕잎을 많이 먹으면 먹을수록 더 많은 실을 뽑아내는 것처럼 나도 그런 강의를 하도록 노력해야 되겠구나…' 풍선처럼 마음이 부풀어 올랐다. 오늘의 강의를 마치고 집으로 돌아오는데 책가방 무게를 전혀 느끼지 못했다면 좀 과장된 말이겠지만… 아두튼 오늘의 첫 강의는 내 머릿속에 한참 남을 것 같다.

# 4월의 월간지

2교시 수업이 끝나고 장신대 언덕을 내려올 무렵엔 어느새 어둑어둑 날이 저물기 시작했다.

밤의 찬 공기가 볼을 스치기 시작했다. 오늘도 황사가 심해서 유리창이며 자동차위까지 온통 뽀얗게 먼지가 내려 앉았다. 하지만 어김없이 개나리는 샛노랗게 활짝 펴서 학교 교정은 한결 환하게 느껴졌다. 개나리는 항상 봄의 화신으로 제일 앞장서, 세상을 온통 노랗게 물들이곤 한다.

골목 끝 거의 다 와서 서점 앞에 머물렀다. '혹시나 4월 초에 나온다던 『월간목회』잡지가 나오지 않았을까?' 기대하면서 서점 문을 열고 들어갔다.

"아저씨『월간목회』4월호 나왔어요?"

"네, 잠깐만 기다려 보세요." 아저씨는 책꽂이를 주섬주섬 뒤지더니 이내 커다란 잡지 하나를 건네준다.

"자, 여기 있습니다." 늘상 하는 아저씨 말인데 오늘은 유난히 그 소리를 듣는데 내 가슴이 떨려오기 시작했다.

'정말 기사가 나왔을까?'

책 순서를 말해주는 첫 페이지를 펼치고 다음으로… 아뿔사! 두 번째 페이지를 넘기는 순간 내 얼굴이 확 들어왔다. 다시 그 페이지로 돌아갔다.

'이거 나 아니야' '어머! 그 때 찍은 사진이 이렇게 나왔네' '아, 내가 이렇게 생겼 구나' 마치 내 얼굴을 처음 보기라도 하듯이 나는 호들갑을 떨고 말았다.

'참 세월이 많이 갔구나.' 남들은 당연히 보아 넘길 모습을 굳이 이상한 듯 보고 또 보았다. 본 기사가 어디쯤에 있나 손에 침을 발라가며 한 페이지, 한 페이지를 들여다 보는데 마음이 급한지라 다른 기사는 건성으로 넘기고 있었다.

어느덧 '238' 숫자 앞에서 순간 내 눈은 딱 멎어버리고 말았다.
'어머! 어떻게 하면 좋아?! 이게 나라고?'

정말 "주님의 정원"(교회성숙 아카데미)에 대한 기사가 활자화되어 그곳에 실려 있었다. 기쁨 반, 놀람 반, 이상함 반.

서점 책장 사이에 서서 책을 펼친 채 몇 분 안에 그만 그 기사를 다 읽어 버렸다. 늘 다른 사람의 글만 읽다가 자신에 대한 인터뷰 기사가 실린 것을 읽으니까 여지껏 못 느껴본 묘한 감정이 들었다.

'아! 인터뷰 했던 것이 이렇게 씌어져 나오는구나. 그것 참 신기하네.' 전체적으로 잘 짜여진 글 같다. 인터뷰 글인데도 매끄럽게 흘러내려 갔다.

'내게도 이런 기사거리가 있을 수 있다니…'

지나간 20년 가까이, 아니 결혼 이후 40년이 지나가면서 이렇게 세상에, 나에 대한 글이 실리긴 이번이 처음이다. 그러니 내 어찌 놀라지 않겠는가? 그것도 사진까지 곁들여서 말이다.

한참을 읽고 또 읽고는 그 책 한 권을 드디어 샀다. 가슴에 품고 그 길을 내려오는데 왠지 누가 뒤에서 밀기라도 하듯 주르륵 밀려 내려오는 기분이었다.

'한 사람은 20년 전에 내 앞에서 먼저 가고, 그가 없는 세월 속에 하나님은 나를 이렇게 바꾸어 놓으셨구나…'

'사람은 지금 내 눈 앞에 없지만 그가 살고 간 흔적은 바닷가 모래 위에 써 놓은 글과는 달리 지워지질 않았구나.'

인생(人生)은 보이는 삶과 보이지 않는 삶이 공존하는 것 같다. '그렇다면 이제 나는 남은 생을 어떻게 살다 갈 것인가?'

'그가 내 가슴속에, 영혼 속에 남겨준 것을 나는 내 아이들에게 얼마큼 남기고 갈 것인가?…' 이런저런 생각을 하는 사이에 어느덧 전철은 압구

정역을 알고 있었다. 전철에서 내려 배가 너무 고파 포장마차에 들어가 튀김과 오뎅 한 개를 사 먹고는 허기를 채웠다.

바람이 불어 포장마차 비닐이 바람에 심하게 너풀거렸다. "아줌마, 이러다가 이 마차 쓰러지는 것 아니에요?" "괜찮아요. 염려 없어요." 아줌마의 표정은 꽤 밝은 편이었다. '그래, 행복은 지극히 주관적인거야…'

차에서 내려 늘 올려다보며 걸어오는 우리집 골목인데, 으늘따라 골목 간판, 불빛들이 정겹게 느껴졌다. 대문에 들어서서 불 꺼진 계단을 한 발자국, 한 발자국 밟으며 4층 계단을 오르기 시작했다.

밤 9시가 넘어가는 시각이었다. 피로감이 온몸에 휘감겨 오는데 마음은 여전히 들뜬 채로 남아 있었다.

그와 함께 했던 지나간 시간들이 다시금 살아나는 듯 했다. 기억을 떠올리며, 추억을 안고 … 오늘 밤은 이대로 잠자리에 들어야 할까보다.

## 행운의 열쇠

오늘 저녁 한 TV에서는 "숨은 양심" 프로그램이 방영되었다.

수많은 사람들이 영등포역 앞의 계단을 내려오고 있었다. 이때 "무거운 짐 보따리를 들고 내려오는 할머니에게 누가 가서 짐을 들어 줄 것인가?" 그 주인공을 찾는 프로였다. 아무도 할머니 짐을 거들어주는 사람이 없었다. 누구 한사람도 그 계단을 내려오는 할머니 짐에 눈길을 주는 사람이 없었다. 한참을 기다려도 그런 사람이 등장하질 않았다.

마침내 한 처녀가 나타나 할머니 짐을 선뜻 들어주는 것이었다.
TV 화면이 서서히 느리게 움직였다.

조금 뒤 그 처녀에게 대형 냉장고가 선물로 주어졌다. 그녀는 멋쩍은 듯, 자기가 그것을 받을만한 아무 일도 한 일이 없다고 사양하는 것이었다. 그런데 거기다 또 한 가지 선물이 곁들여졌다. 그것은 순금으로 된 '행운의 열쇠'였다. '이게 웬일인가!…' 보고 있는 나도 깜짝 놀랐다. 그런데 이 처녀는 열쇠를 받고는 잠시 머뭇거리다가 그것을 할머니에게 넌지시 건네주면서 얼른 받으라고 한다.

처음엔 할머니는 웬 영문인지 몰라 무섭다고 했다. 점차 할머니의 표정이 밝아지며 '행운의 열쇠'를 받아 쥐곤 감격스러워 하시며 눈물을 글썽이셨다. 그리곤 그녀 볼에 뽀뽀를 해주시는 것이었다.

　사회자가 이 소녀에게 소감을 묻자 "이런 작은 일로 인해서 상을 주는 그런 사회가 되지 않으면 좋겠습니다." 하는 것이었다. 뼈 있는 한마디였다. 당연히 할 일들이 오히려 '상' 받을 감이 된다면 그 사회는 이미 자기만 아는 이기주의로 치닫고 있는 셈이란 뜻을 그렇게 표현한 것 같다.

　화면을 끄면서 그녀가 남긴 또 다른 한마디를 되뇌어 보았다. "수레를 타고 가는 사람은 수레를 끌고 가는 사람의 수고와 그 심정을 이해 못할 것입니다…"

# 편지들의 만남

◇ 작은 아씨들 우체통

할머니께.

할머니, 죄송해요.

이제부터 유진이 언니가 나쁜 행동을 하고 있으면 옆에서 나쁜 행동이라고 말할게요. 그리고 저도 언니들이 제 침대에 누워도 화내지 않을게요.

할머니, 할머니가 아무리 화를 내도 전 할머니가 좋고, 할머니가 제가 커서, 좋고 좋은 행동을 하라고, 저를 이렇게 사랑해 주셔서 감사해요. 사랑해요.

> 할머니, 죄송해요. 이제부터 유진이
> 언니가 나쁜 행동을 하고있으면 엄마에서
> 나쁜 행동이라고 말할게요. 그리고 저도
> 언니들이저! 침대에 누워도 화내지
> 않을게요. 할머니, 할머니가 아무리 화
> 를 내드 전 할머니가 좋고 할머니가 저한테
> 서 좋은 좋은 행동을 하라고 저를 이렇게
> 사랑해 주셔서 감사해요♥ 사랑해요

길가다 떨어진 시

바람 불어 날려가는 시 다시 주었다.

하지만 시는 그대로 깨끗했다.

시를 팔려는 나의 마음은 무겁네.

드디어 살 사람이 왔다.

그 사람은 옆집 주인

내 마음은 놓였네.

그런데 시에서 빛이 났다.

그제야 나는 깨달았다.

그 시는 하나님의 것이라 깨끗하고

그 시는 성경이었네.

2016년 1월

손녀 김혜민 지음(초등학교 1학년)

> 길 가다 떨어진 시, 바람불어 날려가는 시
> 하지만 시는 그대로 깨끗 했다.
> 시를 팔려는 나의 마음은 무겁네.
> 드디어 살 사람이 왔다.
> 하지만 그 사람은 옆집주인. 내마음은 놀였네, 그런데 시에서 빛이 났다. 그제야
> 나는 깨달았다. 그 시는 하나님 앵이라 깨
> 하고 그 시는 성경 이였네.
>
> 2016. 1. 30
>
> 김혜민

22년 전 전도사 시절 사역하던 교회를 떠날 때 초등부 어린이들과 마지막 작별인사를 나누면서 받아두었던 작은 아씨 편지를 이곳에 실어본다.

전도사님 안녕하세요?

저는 신영이예요. 전도사님이 떠난다니 너무나도 슬퍼요.

그래서 눈물이 한방울 한방울씩 떨어지기 시작했어요.

전도사님이 말씀하실 때마다 두 귀가 쫑긋거리고 말씀을 듣게 되지요

전도사님께서 저의 가슴에 믿음, 소망, 사랑이란 이 3가지의 단어를 깊이깊이 세겨주셨죠

2년이란 세월이 흘러 전도사님과 헤어지는데 정말 가슴이 아파요. 이젠 다른 전도사님과 공부를 하여도 더욱 꿋꿋하게 설교말씀을 듣겟어요.

이만 줄일게요

1997. 6. 28 토 - 신영 드림 -

울보 전도사님
우리교회 전도사님은 울보 전도사님
설교하다 말고 감동하여 울고
찬송하다 말고 감격하여 울고
이 세상에 눈물을 다 쏟으시면
하늘나라 가선 웃기만 하겠지?

할머니.

제가 봄에 쓴 독후감인데 한번 읽어보실래요? 우체통에 넣을게요.

제목 : 『모모』

출판사: 비룡소   저자: 미하엘 엔데

나는 서점에서 『모모』라는 책을 손에 들었을 때 '너무 두꺼운 것 아닌가?' 하는 생각도 했지만 그만큼 내용이 풍부하고 재미있을 것 같아 조금 읽기 시작했고, 며칠 뒤 엄마가 인터넷으로 주문해 주셨다.

모모는 특별한 소녀이다.

모모는 어느 한 조용한 마을에 나타났다가 사람(이웃)들의 도움을 받아 그 마을과 가까운 옛 원형 극장터에서 살게 되었다. 이웃 사람들은 친절했고, 모모도 그들에게 마음의 문을 열어 모두가 모모와 친해졌다. 모모는 항상 상대방의 말에 귀를 기울이며 그저 '듣는다'는 마음으로 상대방의 눈을 바라보며 그들의 얘기를 주의 깊게 들어주기만 했을 뿐인데, 사람들은 뜻밖에 새로운 아이디어를 생각해내거나, 화가 풀리거나, 오해가 풀리고 내면의 자신을 알게 된다. 그리고 뭔가를 깨닫는다. 그래서 사람들은 무슨 문제가 있을 때마다 "아무튼 모모에게 가 보게!"라는 말을 했다.

모모는 아이들에게도 인기가 많았다.

아이들은 모모에게 얘기를 하다보면 새롭고 기발한 놀이가 새록새록 떠올라, 항상 원형 극장터로 와서 모모와 논다. 계속 이런 식으로만 스토리가 평화롭게 진행되었다면 나는 내 소중한 시간을 빼앗은 모모를 싫어했을 것이다.

당연히 사건은 터졌다. 이 평화로운 마을에 회색 신사들이 찾아온 것이다. 그들은 항상 잿빛 양복에, 잿빛 모자, 잿빛 서류가방, 잿빛 시가를 갖추고 다닌다.

그들은 사람들을 찾아가 "당신네들은 시간이 부족하다"며, 언제나 시간을 아끼라고 말한 다음 자기네들 은행에 시간을 저축케 함으로써 그들에게서 시간을 빼앗아갔다.

곧 많은 사람들이 시간을 아끼기 위해 정신없이, 쉴새없이 일하기 시작했다. 그런데 그 뒤부터 그들은 불만을 가지고 신경질적으로 변해가기 시작했다.

그러나 그들은 회색 신사들이 자신들을 찾아왔기에 생긴 결과임을 까맣게 잊고, 이 모든 것은 자기들 스스로가 결정해서 일어난 현상이라고 생각했다.

모모는 뭔가 이상하다고 느꼈다.

자기를 찾아오던 사람들이 더 이상 얼굴을 보이지 않았기 때문이다. 모모는 변해버린 사람들을 한 명씩 찾아다니면서 조금씩 마음을 움직이게 해 원래대로 돌아오게 했다. 자신들이 얘기를 털어놓을 때, 자기들을 보고 있는 모모의 눈을 보면서 그들은 자기 자신의 진짜 모습, 내면의 자신을 찾아낼 수 있었던 것이다.

회색 신사들은 자신들의 계획을 방해하는 도모를 잡아들이기로 했다.

하지만 그들이 모모의 집, 옛 원형 극장터로 들이닥쳤을 때 모모는 없었다. 호라 박사가 보낸 거북 카시오페이아를 따라 모모는 미리 피한 것이었다.

　모모는 호라 박사의 집을 구경하게 된다. 호라 박사의 집은 평범한 집이 아니다. 그는 시간을 다스리는 자여서, 시간을 이용한 특별한 방도 가지고 있고, 여러 가지 멋진 시계들과 그리고 시간의 꽃을 가지고 있다. 누구도 볼 수 없는 집을 모모가 보았다니! 정말 모모는 특별한 아이인 것 같다.

　호라 박사는 언제나처럼 시간을 훔치는 회색 신사들을 요술 안경으로 살펴보다가 그들이 모모를 잡아가려는 것을 알고 모모를 자신의 집으로 데려왔던 것이다.
　모모는 그 곳에서 시간의 꽃을 탄생시키는 방의 울려 퍼지는 아름다운 노랫소리를 기억할 수 있는 능력을 받는 대신 일년 간 깊은 잠을 자게 된다.
　그리고 모모가 잠에서 깨어나고, 마을로 돌아왔을 땐 친구들마저 회색 신사들의 영향으로 변해 있었다. 그래서 모모는 다시 호라 박사를 찾아가 시간의 꽃 한 송이를 받고, 회색 신사들을 처치해, 사람들의 시간을 다시 원래대로 돌려놓게 하는 임무를 수행하기 시작한다.

　이 책을 읽으면서 나는 '시간'에 대해 다시 한번 생각해 보았다. 누구나 자신들에게 주어진 '시간'이라는 것이 있다. 거지든, 부자든 모두가 '시간'을 가지고 있다. 그 시간을 어떻게 쓰느냐에 따라 사람의 삶이 변하는 것 같다.

책 안에서는 많은 사람들이 회색 신사들의 속삭임으로 인해 바쁘게 시간을 더, 더 아껴 쓰며 살아가게 된다. 하지만 그들은 전혀 행복을 느끼지 못했고, 신경질적으로 변했다. 모든 것에 불만을 가졌다.

　시간을 아끼고 그 시간을 잘 활용해 일이나 공부를 하는 것도 좋지만, 잠시 쉬어가면서 내가 좋아하는 것, 그것을 할 때, 행복을 느낄 수 있는 어떤 활동을 하는 것도 중요하다고 생각한다.

　자신에게 주어진 소중한 시간을 친한 친구나 가족과 함께 나눌 줄 아는 사람, 그리고 삶에 여유를 가져 기쁨을 느끼는 일(그렇지만 올바른 일)을 할 줄 아는 사람이 진정으로 '행복한 사람'인 것 같다.

2019년 3월
김유진 씀(중학교 1학년)

날짜: 2019년 3월 3일 일요일　　　　출판사: 비룡소
제목: 모모　　　　　　　　　　　　　작가: 미하엘 엔데

참 오랫동안 읽었다. 원낙 책 자체가 두껍기도 하고, 조금씩 아껴 읽고 싶은 마음도 있어 한 권을 오래 잡고 읽다 보니 대번 봄방학 때는 이 책까지 모두 2권밖에 못 읽었다. 나는 이 책을 선택하고, 읽은 것에 후회하지 않는다. 시간을 들여 투자한 만큼 가치 있어라 생각한다. 『모모』를 처음 알게 된 건 2월 2일 (벌써 한 달이 지났네 ㅇㅇ!) 가족들과 독축궁에 갔을 때 분에 된 한 서점에서였다. 그 곳에서 엄마가 이 책을 보시나에게 이 책이 아주 유명하다며, 한 번 읽어볼 만하다고 말씀해주셨다. 마침, 나는 마음을 울릴, 훌륭한 '소설책'을 찾고 있었는데, 그 말을 듣는 순간 '이 책이다'인 느낌이 들었다. 너무 두꺼운 건 아닌가 하는 생각도 했지만 그만큼 내용이 풍부하고 있을 것 같아 그 서점에서 조용 끼고 시작했고 며칠 뒤 엄마가 인터넷으로 주문해 주셨다.

모모는 특별한 소녀이다. 모모는 어느 한 조용한 마을이 나타났다가 사람들의 (대부분 마음과 가까운) 몇 원형극장 터에서 살게 되었다. 마을 사람들은 친절했고, 그들에게 마음의 문을 열어 모두가 모모와 친해졌다. 모모는 항상 상대방의 귀를 기울이며, 그저 '듣는다'. 상대방의 눈을 바라보며 그들의 얘기를 주의깊게 들으며 한 마디 말을 뱉었는데, 사람들은 갑자기 새로운 아이디어를 생각해 내거나, 희가 풀리거나, 내면의 자신을 알게 된다. 그리고 뭔가를 깨닫는다. 그래서 사람들은 무슨 일을 때마다 '아무튼 모모에게 가 보게.'라는 말을 한다. 모모는 아이들에게 들었다. 아이들은 모모에게 얘기를 하다보면 새롭고 기발한 놀이가 새록새록 떠올라 원형극장 터로 와서 모모와 논다. 계속 이런 식으로면, 스토리가 평화롭게 진행나는 내 시간을 빼앗은 모모를 잃어버렸을 것이다.

당연히, 사건은 터졌다. 이 평화로운 마을에, 회색 신사들이 찾아온 것이다. 항상 잿빛 양복에, 잿빛 모자, 잿빛 서류 가방, 잿빛 시가를 갖추고 다닌다. 그들은 사람 당신네들 시간에 부족하다며, 언제나 시간을 아끼라고 말한 다음 자기네들 은행에 시 저축하게 함으로서 시간을 빼앗아 간다. 곧, 많은 사람들이 시간을 아끼기 위하여 일이 일하기 시작했다. 그리고 그들은 불안을 가지고 신경질적으로 변해가기 시작했다.

## 색소폰을 부는 여인

아미야!
어느덧 네가 하늘나라로 간지도 벌써 3년이 지났구나.
세월 참 빠르다.

9월이 다 가려는 즈음, 오늘은 유난히 하늘이 푸르구나.
그 해 9월 마지막 날. 너의 영정사진 앞에 놓았던 글을 써 두었기에 다시 한 번 읽어보고 있단다.
네가 보고 싶을 때 꺼내 보려고 적어 놓았었어. 너를 그리며 한 장, 한 장을 넘기다 보니 어느새 밤이 꽤 깊어졌나 봐. 시계바늘 둘이 한 줄로 겹쳐져 수직으로 서 있네. 오늘 하루도 다 갔나봐. 나도 이제 잠자리로 들어가 볼게….

몇 해 전, 9월의 끝이 지나는 마지막 날이다.
낮 2시경. 친구 아미의 큰 딸 연수에게서 핸드폰이 왔다. 난 기침이 며칠 전부터 나더니 점점 심해서 병원에 가는 길이었다.

"어머니가 입원하셨는데 상태가 안 좋으세요. 오늘 오실 수 없으세요?"

"어머, 오늘 내가 좀 어렵겠는데… 내일 갈게."

"어느 병원?

"분당 ○○○병원이에요."

"응, 알았어."

그리곤 병원에 다녀온지 채 30분도 안 되었는데 아미 동서한테서 또 연락이 왔다.

"저, 형님 오늘 못 넘기실 것 같아요."

"뭐? 그게 무슨 소리야?"

"연수가 그렇게 말하지 않았는데…!"

"아하 아!, 알았어. 내 지금 바로 갈게."

주섬주섬 옷을 갈아입고, 가방에 성경책을 넣고는 막 계단을 내려가려고 할 때이다.

한 발자국을 내딛는 순간, "따르릉!"

"저, 형님 조금 전 운명하셨어요."

"오시지 않으셔도 돼요. 다시 연락드릴게요."

"뭐?! 뭐라고?… 무슨 소리야?"

"무엇이 어떻게 됐다고?!…" 더 이상 벨은 울리지 않고 끊어졌다.

난 계단에 털썩 주저앉고 말았다. 누가 뒤통수를 '땅'쳐서 넘어져 버린 것 같았다. 정신을 차리고 다시 현관 안으로 들어왔다. 마룻바닥에 앉아서 엉! 엉! 소리 내어 울었다. 눈물은 그칠 줄 모르고 볼을 타고 흘러 내렸다. 며칠 전에도 통화를 했다. "나, 빨간 무 비트 있잖아 그걸 꽉 짜서

계속 마시던 피가 더 좀 만들어질 것 같아. 그때부터 항암치료 받기로 했어."

그게 그 친구와 내가 마지막 했던 대화이다. 친구가 앓고 있는 췌장암은 힘들다고는 했지만, 암 주머니가 퍼지지 않고 있어 치료를 하면 나을 것만 같았다. 그래서 아무에게도 그 아가 아프다는 것을 알리지 않고 있었다.

병이 나으면 아미는 색소폰을 불고 난 말씀을 전하고… 그래서 둘이 청소년 교도소에 전도 나가기로 약속했던 것이다.

'그런데 이게 웬일이람…?'

그 애가 불고 있던 색소폰 소리가 들리는 것만 같다. 그 친구가 연습하던 지하방 연습실의 악기며, 의자 등등… 커피잔도 그대로 있을 텐데…….

어느 날 친구는 "이 커피 냄새 좀 맡아봐." 하면서 커피 한잔을 내게 타 주고 이내 다시 악기 앞에 앉았다. 늘 허리 때문에 똑바로 앉지도 못하면서도 악기는 손에서 놓질 않았다. 제대로 들지도 못하는 커다란 악기. '그 애는 왜 그리도 무거운 악기를 좋아했을까?' 허리가 아파서 꾸부정하게 서면서도 기어이 그 악기를 끼고 열심히 불어대며 싱긋이 웃던 모습이 눈에 선하다. 연습 도중 우리는 이런 말도 주고 받았다.

"얘, 찬송가와 함께 가곡, 가요도 몇 개 넣어서 한 열곡 정도 준비하자!" 교도소 아이들이 너의 색소폰 소리를 들으면 회개하고 마음 문을 열게 될 거야…"

"뭘! 정말 그럴까?"

"그래 맞아. 그렇다니까…"

참 지금 생각하니 꿈도 야무졌다. 난 얼마를 그렇게 지난날들을 더듬어 보며 창가에 서 있었다. 머릿속 필름은 여전히 돌아가고 있었다.

'아미야, 네가 매달 헌금을 보내고 있는 컴패션(Compassion) 아프리카 아이는 어떻게 해? 네 소식 기다리고 있을 텐데…'

'네가 그렸던 많은 그림들, 전시회에 다 팔려 몽땅 헌금했던 너의 그림 솜씨는…'

'그것 뿐이니, 몇 달 전 너와 단 둘이 선교회 책상머리에 앉아 성경 읽던 것도 이젠 못하게 됐잖아…'

"난 정말 구원의 확신이 있나 모르겠어. 믿는다고 세월만 보냈지, 정말 내게 믿음이 있나 싶어?…"

"왜 그런 소릴 해! 네가 믿음이 있으니까 하나님을 더 뜨겁게 만나려고 여기에 와서 말씀을 같이 나누는 것 아니니?…"

"넌 하늘나라에 가면 상급이 꽤 클 거야."

"넌 오른손이 하는 걸 왼손이 모르게 하고 있잖아…"

이런저런 생각이 꼬리를 물고 일어나 마루를 서성이는 사이에 어느새 날이 어두워지기 시작했다. 장례식장에 가야 한다는 생각은 한참 후에 떠올랐다.

벨이 울렸다.

"너 왜 장례식장에 안 오니?"

"우리들은 좀 있으면 집에 갈 참인데…" 친구들의 음성이 들려왔다.

"응, 알았어. 갈게." 그제야 나는 정신을 차리고 분당으로 가는 버스에 몸을 실었다.

어두운 밤길.

장례식장에 들어섰다. 웅성웅성 사람들 틈을 비집고 친구의 영정사진 앞에 섰다. 사진 속의 그 애 얼굴을 보는 순간 다시금 주체할 수 없는 눈물이 앞을 가렸다. 고개를 숙이고 기도하는데 문득 오래전 일이 불현듯 스쳐간다.

"너 공부하느라고 시간 없지? 밥해 먹을 짬이나 있겠니!… 여기 갈치조림 해왔는데 먹어 볼래?"

'왜 이 시간 그때 그 일이 떠오르지?…'

'참 이상하다…'

'우정? 그래 우정은 무조건 주고 싶은 거야. 그냥 보고 싶은 거야…'

점점이 떠오르는 지나간 날들은 그저 (…) 점으로밖에.

진정 좋아하는 소중한 친구 한 명을 잃고 나는 혼자서 언덕길을 내려오고 있었다. 때맞추기라도 하듯이, 멀리서 응급차 사이렌 소리가 "삐앙 삐앙" 울려대며 점점 다가오는 듯했다.

'이 시각, 또 어느 한 생명이 초침을 흔들면서 응급실로 달려오고 있나 보다.'

'삶'과 '죽음'

또 한 번 이 경계선을 생각하는 일상 속의 카이로스(특별한 날) 앞에 내가 서 있는 오늘 하루였다.

친구야!

주님 품 안에서 고이 잠들고 있거라. 때가 오면 그땐 우리 만날 수 있겠지….

안녕!

## 끊어진 현을 잇는 노교수 이야기

형부!

안녕하세요!

'웬일로 처제가 나한테 편지를 다 썼지?'

"놀라셨지요?"

얼마 전 신문에 나온 형부 기사를 보고, 깜짝 놀라고 반가워서 이렇게 펜을 들었어요. 그 가운데 아래와 같은 부분을 읽으면서 제 마음이 찡해 왔답니다.

기자와의 인터뷰에서 이런 말을 하고 계시네요.

"알아주지도 않는데 나 혼자 죽어라고 하고 있네요. 허허"

기사는 아래와 같이 이어지고 있었어요.

"… 안용식 연세대 행정학과 명예교수는 2006년 퇴직 후에도 20여 권의 연구서와 자료집을 펴냈다. 모두 그가 50살이 되면서 본격적으로 힘을 쏟았던, 구한말 이후 한국 관료에 대한 연구물이다.『일제 강점기 조선인 관리』(2015년) (기관, 인명별 각 1권)는 두 권 합쳐 2,000쪽이 넘는 자료집이다. 일제때 관료를 지낸 조선인 2만여 명의 임면(任免) 내용이 발령 시기 순으로 정리되어 있다. …"

기사는 여기서 끝나지 않고 점점 역사의 발자취를 더듬어 가도록 저의 눈길을 끌기 시작했어요. 그러기에 전 한동안 역사의 뒤안길을 유추해보며 그다음, 그다음 기사를 읽어 내려가지 않을 수 없었지요.

"위의 『일제 강점기 조선인 관리』 책이 나오기 그 몇 년 전 『대한제국 관료사 연구』(전5권) (1995년)는 1895년 갑오개혁 이후부터 일제가 조선을 강제병합한 1910년까지 관리로 임면(任免)된 3만 2,400여 명을 성씨별로 엮은 책이다"라고 소개하고 있어요.

전 그렇게 두꺼운 책을 발간하신지 미처 모르고 있었어요. 게다가 "2019년 9월. 안용식 명예교수는 최근 자료집 『갑오개혁 이후 병합 전 한국인 관리』(전 2권) (2019년)를 냈다."라는 기사내용을 보고는 형부의 저술 활동은 마르지 않는 샘처럼 흐르고 있음에 또 한 번 놀라지 않을 수 없었어요. 그 노고와 지속적인 학문의 열정에 그만, 고개를 숙일 수밖에 없게 되네요.

'팔순이 가까운 즈음. 또 한 권의 책을 내시다니…' 아직도 타고 있는 학문의 불꽃을 보는 듯해 너무 뿌듯하고 자랑스러웠어요.

인터뷰 내용은 계속되었어요.

"교수님의 평생 연구 경험을 토대로 바람직한 관료상을 들려 주시면 감사하겠습니다." '어떤 대답을 해 주실 건가?'

마치 형부의 굵은 음성이 곧 들려 올 것만 같았어요.

"일제때 조선인 관리들은 식민지배의 주구(誅求)에 불과하죠. 이들을 통해 바람직한 관료상을 이야기하기는 힘들어요. 특히 법관들은 거의 그대로 대한민국 정부로 넘어옵니다. 경찰이나 지방관들 상당수가 자리를 지키지요…"

서두에 "나라 망해도 국권 되찾아도 관료 집단은 그대로…"라는 기사의 머리말 제목과 형부의 답변 속엔 알 수 없는 무겁고도 암울한 기분이 동시적으로 느껴져 묘한 여운이 남았어요.

여러 해를 거쳐 한 계통에 대해 책을 집필하고 그 저술 작업 의도에 대해 말씀하신 것을 기자는 다음과 같이 적고 있어요.
"그는 자신의 작업을 두고 '엿'과 '채찍'을 통한 일제 식민지배 실태를 살펴보기 위한 것이라고 했다. 엿은 교육이고 채찍은 경찰입니다. 경찰을 통해 핍박하고 교육을 통해 동화시키려 했죠…" "그는 국권상실이나 회복 등의 고비에도 아랑곳하지 않고 굳건한 자료 집단의 연속성에 주목했다."

마지막으로 기자는 "안용식 교수는 앞으로 미 군정기와 정부 수립 뒤 1967년까지의 관리 임면(任免)상황을 정리한 자료집 발간도 계획하고 있다."라고 마무리를 했어요. 형부의 집필 작업은 여전히 현재진행 중이라는 뜻이겠지요.

참 대단하세요. 공부는 누군가 머리로 하는 것이 아니라 엉덩이로 한다고 하던데 형부의 엉덩이도 상당히 딱딱해졌을 거예요. 호호! 뿐만 아니라 머리를 많이 써서 머리가 쏙쏙 쑤셔대며 "나 죽겠다"고 소리 지를 때도 있었을 거예요.

집필한 이 책, 저 책이 세상에 나올 때마다 책들은 날개를 달고 많은 독자들의 손에 들어가, 저들의 알고 싶은 욕구를 채워 주었겠지만 형부의 손가락은 무척이나 흔들었을 거예요.

끈질긴 집념을 가지고 한 우물을 파는 성품이 아니면 누구라 그 긴 시

　간을 문자에 둘러싸여 글을 써 내려갔겠어요. 깊은 밤 날 새는 줄 모르고 책상머리에 앉아 펜과 씨름하면서 한권, 한권의 책이 완성되었기에 행간마다에는 보이지 않는 숨은 땀과 노력이 베어져 있을 거에요.

　마침내 긴 시간의 흐름이 헛되지 않아, 쌓아둔 원고가 미완성 원고로 남지 않고 책으로 발간되었으니 애쓰신 보람이 있게 된 것이지요.

　이런 분이 계셔서 역사가 아직도 드러내지 못한, 하지만 반드시 빛을 발해야 하는 부분들이 드디어 역사 위로 떠오른 셈이지요. 이런 뜻에서 세상 신문이 그 깊은 뜻을 드러내 준 걸로 생각됩니다.

   후대에 길이 남을 훌륭한 인명(人名)사전적 책과 함께 여전히 그 다음 책을 구상하고 계시다는 기자의 알림은 미래를 기대하는 소리 없는 종소리처럼 들려왔답니다. 이런 모습을 보고 자란 자손들에게는 이 작업이 명예롭고 자랑스러운 일이 될 줄 믿어요. 늦었지만 거듭 축하를 드립니다.
   늘 건강 챙기시면서 저술하시기 바래요. 언니를 생각해서라도 오래오래 사셔야 해요. 아셨죠!…
   안녕히 계세요.

2019년 9월<br>처제 올림

# 그 날

운명하기 2시간 전.

그렇게 빨리 의사의 통보를 받을 줄은 미처 몰랐다.

계속 그의 곁에 있던 나는 잠깐 옆방에 기도하러 갔었다. 그런데 남편의 상태가 많이 안 좋다는 의사의 연락을 받고는 허둥지둥 병실 안으로 들어섰다.

그는 흰 시트로 전신을 덮고 있었다. 시트 속 온 몸은 다 벗겨진 채 알몸이 되어 있었다.

'이게 웬 일이지?' '아까 전까지 만해도 이러지 않았는데…'

순간 소스라치게 놀라 정신이 아찔했다.

'왜 이렇게 전신을 벗겨 놓았을까?'

두 손은 침대 양 끝에 묶여 있었고, 두 발도 한데모아 아래쪽 침대 끝에 묶여져 있었다.

'웬 일이람?'

'왜 이렇게까지 해서 눕혀 놓았지…?'

입 속에는 솜으로 싼 요지를 끼워 놓아 말도 제대로 못한 채, 무어라 웅얼대는데 소리만 들릴 뿐이었다.

　가족들은 모두 침대 주위에, 뼁 둘러 서 있었다. 남편은 눈을 감은 채 거친 숨을 몰아쉬고 있었다. 그때 의사가 "눈 떠 보세요! 환자분 가족이 여기 들어왔어요." 하는 찰라, 그는 감았던 눈을 번쩍 떴다. 그런데 그 순간 눈빛이 아주 맑고, 입가엔 웃음이 가득했다. 입꼬리가 귀에 붙을 정도로 크게 웃어서 모두들 의아해했다. 하얀 이가 다 보일 정도로 환하게 웃으며 기쁨에 찬 얼굴!

'무엇이 저토록 기쁠까?'
'지금이 어떤 때인데…'
스데반이 돌에 맞아 죽는 순간 그 얼굴이 천사 같았다고 했는데…
남편의 웃는 모습은 그 말씀을 연상케 했다.

그때였다. 난 느닷없이 그를 보면서 "여보! 병 나으면 목사님 될 거지요?"
"그러면 나도 뒤따라다니며 당신을 도울게요."
"그렇게 하실꺼죠?" 마치 다짐하듯 나는 또 묻는 것이었다. 주위 사람이 다 들을 만치 그는 "응!"하는 것이었다.
"여보! 지금은 예수님만 생각하세요." 이 말에 그는 고개를 끄덕이며 알겠다는 표정을 지었다.

아! 태산같이 하고 싶은 말이 많았을 텐데…
그와 내가 마지막 주고받은 대화는 그게 전부라니…

그날, 참으로 이상한 일이 있었다. 옆 병실에서 정신없이 기도하고 있던 때였다. 이런 현상을 '환상'이라고 해야 하나?…
굉장한 군대 행렬이 행군하는 중이었다. 그 행군 대열에 남편과 내가 끼어서 같이 걸어가고 있었다. 그는 앞서 걸어가고 바로 뒤따라 나도 걷고 있었는데, 내 손에는 검은 가죽 가방이 들려 있었다. 군인들은 일제히 무릎까지 오는 긴 장화를 신고 뚜벅뚜벅 발을 맞추어 행군하고 있었다. 나도 뒤질세라 열심히 행렬을 따라가느라고 애를 쓰다가 퍼뜩 눈을 떴다.

바로 그때 의사가 와서 나를 부른 것이다.

침대 주변에 서서 남편의 상태를 내려다 보며 얼마큼 시간이 흘렀을까…
그의 숨소리는 좀 전보다 더 가빠지기 시작했다. 이상한 예감이 머릿속을 스쳐갔다. 갑자기 머리 위로부터 피가 차츰 내려오는 듯싶더니 그만 난 그 자리에 주저앉고 말았다. 가슴이 두근거리면서 숨이 차 오르기 시작했다.
언니가 의사에게 말을 하니까 '그렇게 하라'는 소리가 들려왔다. 난 언니의 부축을 받으며 옆방에 가 앉았다. '아! 난 남편의 죽음 앞에 어느 한 부분, 아니 실오라기 하나 만큼도 도울 힘이 없구나' 그 순간 내 가슴속에서는 갑자기 무엇이 콱 내려 앉는 느낌이었다. 나도 모르게 주님 앞에 무릎을 꿇고 말았다. 눈물이 걷잡을 수 없이 흘러 눈앞이 보이질 않았다.

그 이후, '모두 나가 계십시오' 라는 의사의 지시를 받고 다들 나간 뒤 그만이 홀로 침대에 누워 있었다고 한다. 카세트에서 나오는 찬송 소리만 병실 안에 울려 퍼지는 가운데, 극심한 고통을 홀로 몸으로 안은 채 남편은 조용히 눈을 감았다. 친구 한 분만 병실 유리창 너머로 임종을 지켜보았지, 가족은 아무도 그가 어떻게 숨을 거두었는지 보질 못했다. 왜 그때 의사가 그런 지시를 내렸는지 난 더이상 물어 보질 않았다.

그는 49세의 생을 마치고 그날, 폭풍이 치고 비바람이 몰아치던 한여름 새벽, 홀연히 그렇게 우리 곁을 떠나갔다.
다른 세계, 우리가 지금은 알 수 없는 세계, 그리로 그의 영혼은 올라

갔다.

  남아 있는 나와 아이들은 오늘도 그 나라를 믿음으로 바라보면서 이 하루를 살아내고 있다. 길고도 긴 날 들을…

  영원과 잇대어 있는 그 나라를 소망하면서!

# 영화 감상

● 블랙 (Black)

　세상이 온통 어둠뿐이었던 보지도, 듣지도 못하는 여덟 살 소녀 '미셸'. 아무런 규칙도, 질서도 모르는 미셸에게, 모든 노력이 허사로 돌아가자, 그녀의 부모님은 마지막 선택으로 장애아를 치료하는 '샤하이' 선생님을 부르게 된다. '샤하이'역에는 '라니무케르지', '미셸'역에는 '아미타브 밧찬'이 등장한다.

　인도 상류층 어느 가정, 그 가정의 어린 소녀 미셸은 두 살 때부터 말도 못하고 보지도 못하는 시각장애인이 된다. 아버지는 이 사실을 알고는 이 방법, 저 방법으로 노력을 하다가 그만 포기해 버린다. 그리하여 소녀를 장애인 요양원으로 보내려고 한다. 상류층 집안 체면도 있고, 치료는 도저히 불가능할 것 같았기 때문이다. 그러나 어머니는 본능적 모성애를 가지고 딸을 치료해 보고자 혼신의 노력을 기울인다. 그리하여 그 집에 장애아 치료 선생님으로 가정교사 한 분을 모신다. 그가 곧 샤하이 선생님이다.

　가정교사, 곧 딸의 스승은 입놀림의 촉각을 살려 미셸에게 단어의 뜻을 알게 해주고, 여러 감각활동을 통해 사물의 이름을 알게 해 주려고 눈물겨운 노력을 시도한다. 그리하여 그 어린 소녀를 18년 동안 치료하고, 가

르쳐주고, 안내해 주면서 키워내 마침내 언어장애인에서 탈출시킨다. 여전히 볼 수는 없지만…

　이 과정에서 스승의 인내와 집념은 감동, 그 자체이다.

　스승이 어린 시각장애인 소녀, 곧 그의 제자를 고쳐보려는 의지는 상상을 초월한다. 그 스승의 인내는 어쩌면 스승 자신과의 싸움일지도 모른다. 그 인내 속엔 인간만이 할 수 있는 사랑이 내재되어 있다.

　'사랑은 어디까지 갈 수 있나?' 이 질문에 이 영화는 답을 해주고 있다.

세월이 흘러 샤하이 스승은 떠난다. 그러나 스녀는 떠나간 스승을 기다리고, 기다린다. 그녀는 마음속으로 스승을 다시 만나길 소원하고 기도를 쉬지 않는다.

그러던 어느 날!

12년째 되던 그 어느 날! 마침내 그녀의 기도는 응답된다. 곧 스승을 다시 만난다. 그런데 그는 알츠하이머병으로 미셸을 알아보지 못한다. 하지만 그녀의 눈물겨운 보살핌으로 샤하이 스승은 놀랍게도 병상 침대에서 일어난다.

스승은 다시금 그녀를 대학에 보내려고 또 한 번 시도한다. 자신의 손가락이 가시덤불에 찔려 피가 흐르는 데도 말이다. 결국 두 사람의 피눈물 나는 합일의 노력 끝에 미셸은 대학에 입학할 수 있었다.

자랑스러운 사각모를 쓰고 졸업식장의 온 회중 앞에서 이렇게 말한다. "여기 모인 졸업식에 참여한 여러분! 여러분은 20년 걸린 졸업을, 나는 40년 걸려 해냈습니다. 졸업을 하기까지, 낙제, 또 낙제, 낙제, 난 이런 낙제를 여러 번 반복해야 했습니다. 타자치는 속도가 느려 제 때에 과제물을 낼 수가 없었기 때문입니다. 그러나 나의 스승님이 버팀목이 되어주고, 이 지팡이가 내가 스스로 서도록 도와주어 난 이 과정을 해내고 말았습니다." 이때 우레같은 박수소리가 장내를 뒤흔들 듯이 퍼져나간다. 기적처럼 때마침 그 소리가 그녀의 고막을 울려, 소리가 들려지기 시작한다.

영화상영 도중 인상적인 대사 몇 군데를 옮겨 놓으면서 다음 장면으로 가려한다.

스승이 그녀에게 해 주던 말 "많이 넘어지는 자는 멀리 갈 수 있다." "미셸! 이제부터는 이 지팡이가 너를 지켜 줄꺼다. 그러기에 너는 혼자 설 수 있다." 미셸은 자신이 시각장애인이 된 것을 일컬어 "난 하나님이 만드신 존재 가운데 불완전한 존재랍니다." "…시각장애인이 된다는 것, 그것은 어둠이요 분노의 연속이지요." 그러나 그녀는 또 "보이는 것으로 모든 것을 다 본다고 말할 순 없지요."라고 말한다.

화면은 다시 바뀐다. 목타게, 기다리던 스승을 드디어 만났을 때 미셸은 스승이 알츠하이머병으로 쇠사슬에 두 손이 묶여 있는 것을 보는 순간, 거의 죽을힘을 다해 그 사슬을 잡아 뜯어내, 그를 풀어준다. 그리곤 그의 손발이 되어준다. '아! 진정한 사랑은 결국 되돌려 받게되는구나' 나는 마음속으로 조용히 외쳤다.

또 이런 장면도 있다. 그녀의 여동생이 결혼식을 올린다. 그 결혼식에 미셸은 들러리를 서, 동생 결혼 드레스 뒤끝을 쥐고 뒤따라 걸어 들어온다. 시각장애인이라 뒤뚝거리며… 그런데 결혼식이 끝날 무렵 이를 어쩌랴! 미셸은 불현듯 성에 대해 갈망하게 된다. 이어서 스승에게 몸짓으로 애원한다. 자기에게 한 번만 키스해 줄 수 없느냐고… 이때 샤하이는 긴장된 표정에, 눈물어린 충혈 된 눈빛으로 미셸에게 다가가 첫 키스를 선사한다. 그리곤 이내 그녀 곁을 떠나 밖으로 나간다. 그녀의 애욕에 불타는 몸부림의 장면이 지금도 눈에 그려진다.

이 영화는 인간이기를 포기한 자리에서, 불가능이 어떻게 가능으로 갈 수 있는가를 상징적으로 말해주고 있다. 감독은 이 영화를 통해 인간이란 대체 어떤 존재인가를 보여주고 있다. 즉 인간만이 가지고 있는, 동물과 다른 독특성을 부각시키고 있다. 스승은 소녀의 발목에 달린 방울을 뜯어내 버린다. 소녀는 소나 말이 아니라는 것이다.

한편 스승의 손목에 낀 쇠사슬을 미셸은 잡아뜯어 버린다. 역시 스승이 비록 알츠하이머병으로 자신을 조정하지 못한다 하더라도 그는 여전히 인간이기 때문이다. 이런 등등의 장면들을 통해서 감독은 많은 상징성을 드러내고 있다.

미국영화는 상당수가 외향적이고 역동적인데 반해, 인도 영화는 대체로 인간 내면세계를 심도있게 다루는 것 같다. '아마도 5천여 년에 걸친 동양철학이 바탕이 되어 인도 특유의 사상적 틀 안에서 이런 영화가 만들어지지 않았을까?' 하는 생각을 했다.

감독은 이 영화를 통해 인간 내면에 숨겨진 본능적 욕구와 인간만이 가지고 있는 독특성을 부각시킬 뿐만 아니라 결국엔 사랑만이 불가능을 가능으로 바꿀 수 있다는 것이다. 나아가 우리는 그것을 일컬어 '기적'이라 부른다. 그러므로 이 기적은 또 다른 창조를 낳게 되는 것이다.

모처럼 좋은 영화 한편을 보았다. 내 안의 내가 훌쩍 커 버린 느낌이다.

# 영화 비평

● 다빈치 코드 / 오로라 공주 / 친절한 금자씨

성경은 인간을 하나님의 형상대로 지음받은 고귀한 존재라고 말하고 있지만 다른 한편으로는 인간을 죄인이라고 선언하고 있다. 따라서 우리는 타락한 인간에 대해서 고찰할 때 죄의 문제를 빼놓을 수 없다. 죄의 문제를 다룸에 있어 우리는 먼저 그 죄의 근원이 되는 "원죄"에 대해서 생각하지 않을 수 없다.

칼빈은 원죄를 일컬어 "원죄란 영혼의 모든 부분에 고루 퍼져 있는 인간 본성의 왜곡과 부패이다"라고 보았다.

그는 또한 원죄란 단지 원래적 의(Original Righteousness)만 잃은 상태가 아니라 인간 본성에 있어 모든 선(善)이 사라진 상태이고, 모든 악이 가득 들어와 있는 상태이며 그 악(惡)은 한가하게 있지 않는다고 했다.

"악은 화염과 불꽃을 일으키는 달아오른 용광로 같고 혹은 끊임없이 물을 내뿜는 샘과 같다."라고 비유했다. 이처럼 죄는 인간 속에서 적극적으로 인간을 지배하는 세력이다. 의지의 자유를 박탈당하고 비참한 노예 상태에 떨어져 있는 상태가 바로 죄의 유전으로 타락한 인간의 실존적 모습이라고까지 칼빈은 말하고 있다. 바로 다빈치 코드 / 오로라 공주 / 친절한 금자씨, 이 세 편의 영화가 보여주는 공통된 특징은 죄의 모습이 우리 안에서 어떻게 역사하고 있는지를 역력히 보여주고 있다. 성경은 "육체의 일은 현저하니 곧 음행과 더러운 것과 호색과 우상숭배와 술수와 원수 맺는 것과 분쟁과 시기와 분 냄과 당 짓는 것과, 분리함과 이단과 투기와 술취함과, 방탕함과 또 그와 같은 것들이라."(갈 5:19~21)라고 말하고 있다.

댄 브라운의 소설「다빈치 코드」를 가지고 소니콜럼비아사에 의해 제작된 영화 〈다빈치 코드〉는 오락과 물질이 우상이 되어 그것을 신으로 섬기는 소위 할리우드의 전형적인 성물(聖物)이다.

소설을 다본으로 영화를 만든 론 하워드는 말하기를 "이 영화로 인해 지금까지 우리가 믿어 온 역사가 철저하게 뒤바뀌게 됩니다. 이것은 인류의 신앙이 걸려있는 전쟁입니다. 모든 비밀이 드러나는 순간 전 세계가 걷잡을 수 없는 충격에 휘말리게 될지도 모릅니다."라고 말하고 있다.

이는 다분히 영화감독으로서 흥행만을 생각하고 영화를 제작한 것을 추론할 수 있는 대목이다.

이 영화를 가지고 기독교계에서 논란이 된 신성모독에 대한 부분은 영화에서 어떤 식으로 전개되고 있는가? 흥미로운 점은 왜곡된 언급이 분명히 대사를 통해 전달되고 있지만 그것은 영화의 중심이 아니라 쫓고 쫓기는 추리물을 전개시키는데 필요한, 부수적인 역할에 그치고 있다는 사실이다.

영화는 마치 주제를 부각시키려는 듯 의미심장하게 출발한다. 영화 도중 기호학 세미나에서 랭던은 다음과 같은 말로 연설을 마무리한다.

"믿음과 진실을 어떻게 가려낼까요? 개인적, 문화적 역사를 통해 우리의 본질을 규명하고 수백 년 된 역사적 왜곡을 뛰어넘어 참된 진실을 어떻

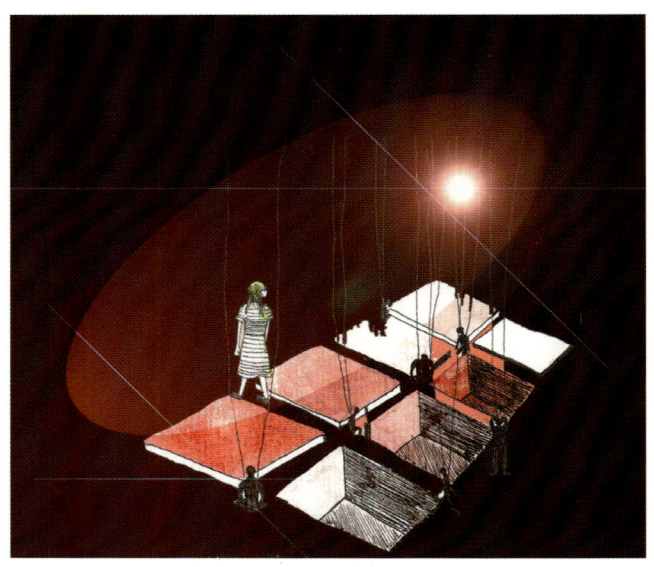

게 찾아낼 수 있을까요? 그것이 바로 우리의 사명입니다."

〈다빈치 코드〉에 담겨있는 주제는 왜곡된 역사를 바로 잡아야 한다는 데 있다. 우리가 알고 있는 주인공인 자신이 진실을 찾게 될 것임을 예고하고 있다. 하지만 관객들도 과연 그렇게 생각하고 있는가? 그리고 작가 댄 브라운 자신도 역사를 바로 잡으려는 커다란 소명의식 속에서 이 소설을 쓴 것일까?

할리우드의 상업적 신앙 안에는 애초부터 역사의식이나 진실과 같은 사회적 의의를 찾기 위한 노력은 존재하지 않는다는 것을 상기할 필요가 있다.

폴리네시안(Polynesian) 섬사람들이 전투적이었다는 것은 역사적으로, 전통적으로 잘 알려진 사실이다.

그 섬 중의 한 섬에는 다음과 같은 습관이 전해져 내려오고 있다. 개인적으로나 가정적으로 남들로부터 피해를 입은 사실이 있으면 붉은 헝겊에 그 내용을 기록하여, 자신의 오두막집 추녀 밑에 주렁주렁 매달아 두는 일이다. 그래서 헝겊들에 쓰여진 가슴 아픈 상처들을 읽고 또 되뇌어 읽으면서 복수의 일념(一念)을 불태우는 것이다. 그리하여 이 섬사람들에게는 복수는 문자 그대로 그들의 삶의 방식이 되고 말았다.

영화〈친절한 금자씨〉에서도 금자는 복수를 위해 13년간 치밀하게 동료 수인을 포섭하고 복수 계획을 완성한다. 금자는 때로 눈물을 흘리기도 하지만 그 눈물엔 소금기가 없다. 그녀는 사람이기보다는 복수하는 기계에 가깝다.

영화 〈오로라 공주〉도 그 형태는 같은 맥락이다. 여주인공(?)이 자신의 아이를 죽게 한 사람들을 차례차례로 찾아다니며 앙갚음의 일념에 불이 타 올라 살인을 연속적으로 행하고는, 살인 현장에 자신의 정체를 알리기라도 하려는 듯 '오로라 공주' 스티커를 붙여 놓는다. 무능한 남편으로 나오는 전직 수사관(문성근)은 목사 공부를 하고있는 것으로 나오면서, 그는 끝까지 살인범을 추격한다. 그런데 그 악마 같은 살인마가 바로 자신과 이혼한 전부인 임을 알고 경악한다.

〈친절한 금자씨〉의 복수 수법은 신장엔 신장을, 혀에는 혀인 동해보복의 원리로 복수가 이루어진다.

금자의 살인 동기에 있어 그녀는 이유 없이 사람을 죽이는 법이 없다.

그리고 가해자로써 징벌을 내리고 자기의 손가락을 자름으로써 속죄한다. 눈발이 날리는 가운데 금자는 참회와 속죄의 표정을 짓기는 하지만 과연 그것이 진정한 참회(?)인가?

금자의 역할은 복수의 화신이 되는 것이며 그녀가 상대방을 구원하는 방법 또한 '복수'를 통해서였다. 금자에게 있어서, 그리고 영화 전반에 있어서 복수의 과정에서 나타나는 죄의식은 결코 존재하지 않는다.

영화의 진정한 플롯은 금자가 복수에 성공하느냐 못하느냐에 달린 것이 아니라 그녀가 스스로 저지르겠다고 결심한 행동에 대해 구원을 찾을 수가 있는가 하는 점이다. 영화의 이러한 도덕적 관점 때문에 최민식이 연기한 백선생이라는 인물은 매우 흥미로운 존재가 된다.

흥미로운 이유는 백선생 캐릭터가 마치 한 장의 마분지처럼 매우 얄팍하게 그려지기 때문이다. 금자(이영애)를 복수의 화신으로 만든 백선생의 살인 동기엔 이유가 없다. 백선생은 다만 돈 때문에 아무런 이유 없이 아이(원모)를 죽인다. 백선생에게 눈물이나 고뇌, 연민 따위는 없다.

친절한 금자씨 마지막 부분에, 담배를 피고있는 아들 원모의 혼령이 보이고, 순간적으로 훌쩍 커버린 그 혼령은 금자의 변명을 들으려 하지 않는다. 마치 백선생의 입에 자갈을 물린 것과 같이 원모도 금자의 입에 자갈을 물리고 있다.

결국 원모는 금자를 용서하지 않는다는 것이며 복수도 그녀의 '구원'과는 상관없는 문제로 비추어 진다.

금자는 상대방의 복수심을 자신의 죄의식과 연결시키고 있고, 그것을 해결하려고 하나 그녀의 죄의식은 사라지지 않는다. 결국 자신의 구원을 성취하지 못한 금자는 자기가 만든 두부 모양의 케이크에 자신의 얼굴을 처박으면서 구원에 대해 절규한다.

생각컨대, 살생을 통한 연속적 보복행위는 자기 비하와 무력성과 절망, 그리고 실망과 착취함에서 자라는 것 같다.
우리는 살인으로 치닫는 복수 행위의 생리학조, 심리학적 동인을 등한 시해서는 안 된다. 이와 같은 행위가 발생하는 것은 다른 면으로 발산되어야 할 인간의 힘, 다시말해 이성과 설득과 의사소통의 통로가 막혔기 때문으로 본다.

〈다빈치 코드〉, 〈오로라 공주〉, 〈친절한 금자씨〉 모두 비극적인 살인 행위가 주루를 이루며 관객에게는 호기심과 궁금증을 자아내지만 결국 인간 스스로는 그 어떠한 보복행위로도 자신의 만족과 구원을 얻을 수 없다는 것으로 끝난다.
그들에게 찾아오는 것은 결국 허무밖에 없다.
복수는 복수 당하는 자와 복수하는 자를 동시에 파멸시킨다. 잠언 20장 22절에 보면 "너는 악을 갚겠다 말하지 말고 여호와를 기다리라. 그가 너를 구원하시리라"고 말씀하신다. 하나님께서는 피해를 입은 모든 사람에게, 가해자에 대한 복수, 즉 보복을 생각하지 말고 자신의 안전과 보호를 하나님의 손에 맡기라고 말씀하신다. 복수심에 불타면 그 복수심은 더 큰 상처를 자신에게 입힐 수 있다. 왜냐하면 복수심으로 괴로워할수록 가해자의 나쁜 성품을 자신이 집요하게 붙들고 있게 되기 때문이다.
나훔 1장 2절에 보면 "하나님은 불신자들과 하나님을 경멸하는 자들을 나중에 보복하신다"고 나와 있다. 하나님은 잠시 분노하실 때도 있지만 사악한 자들에게는 영원히 분노하신다.

하나님이 심판을 미루시는 것 때문에 경솔하게 판단해서는 안된다. 하나님께서는 적절한 기회를 기다리고 계시기 때문이다. 세상에서 악한 자들과 행악자들과 배역자들을 그냥 두시는 것은 하나님의 힘의 부족이 아니요, 심판 때까지 길이 참는 것을 보여주시기 위함이다.

죄악에서 벗어난 '샬롬'은 이 세계 모든 피조물이 죽음에서 벗어나 생명으로 보존되는 것을 의미한다.

죄에 대한 깊은 인식과 더불어 새롭게 주어지는 하나님의 부르심은 지난날의 삶의 회상과 새로운 비전이 겹쳐지는 새 피조물로서의 삶의 사건이다.

이와 같은 '샬롬'의 축복이 증오와 원망과 복수로 들끓고 있는 모든 이들에게 내려지기를 진정으로 기도하게 된다.

## 연극을 보고나서

● 그와 그녀의 토요일

참으로 오랫만에 서울 대학로 드림아트센터 2층에서 딸 가족과 함께 연극을 보기로 했다.

몇 해 전부터 '곰곰'이라는 연극 단체와 인연을 맺게 되었다. 그런데 그 '곰곰' 대표가 지난번엔 첫 초대권을 보내더니 이번엔 또다시 "그와 그녀의 목요일'이라는 연극표를 보내왔다.

'어떤 얘기일까?' "그와 그녀의 목요일…" 제목이 자못 궁금증을 자아냈다.

애들보다 내가 먼저 대학로 드림아트센터를 알아내려고 5시경 극장 앞에 도착했다. 그런데 7시에 시작이라 1시간 전인 6시부터 초대권을 표로 바꾸어 준다는 것이다. 하는 수 없이 골목에 있는 어느 음식점에서 저녁을 해결했다.

여름 장맛비가 7월의 공기를 온통 축축이 적셔댔다. 끈적끈적하기는 쓰다버린 반창고 같고, 날씨 탓에 누가 슬쩍 건드리기만 해도 시비를 걸

1부 일상 속의 흔적 67

것 같다. 그럼에도 아랑곳하지 않고, 젊은이들은 마냥 활기차게 움직이고 있었다.

그들이 물결치는 대학로는 언제나 젊음의 열기로 넘실대는 곳이다. 연인끼리, 친구끼리, 어둠이 깃들어 가자 모여들기 시작했다. 몇몇 해가 지나도 다음 세대, 그 다음 세대들이 모이는 곳, 대학가는 청춘의 샘이 마를 날이 없다.

그 틈새에서 난 거리 간판도 제대로 못 찾고, 더듬거려야 했다. 감기약까지 먹은 터라 다리 힘도 빠지고 진땀도 흘렀다.

'아! 이곳에서의 내 젊음은 벌써 오래전 가 버리고 난 어느새 허리 굽은 할머니가 되어 이렇게 이 거리를 두리번거리면서 서성이고 있구나…' 문득 이방인 같다는 생각이 들었다.

십분쯤 전철역 앞에서 기다리고 있으려니까 드디어 손녀와 연락이 닿았다. 그 애와 빵집에서 얘기를 하고 있는데 딸이 들어왔다. 모두 환한 표정이라 보기에 좋았다.

드디어 연극 무대에 불이 들어왔다.

첫 번째 목요일, 두 번째 목요일, 세 번째 목요일, 네 번째 목요일, 그리고 다섯 번째 목요일, 여섯 번째 목요일, 어느 토요일. 이렇게 무대 조명이 바뀌며 다음, 그 다음 막이 올랐다.

한마디로 수준 있는 연극이다. 연극의 가장 중요한 핵심은 대사 진행인데 그 부분이 아주 자연스러웠다. 배우 여섯 명이 자기 역할을 잘 소화해 냈다. 같이 감상한 손녀 말, "연극이 좀 철학적이네요." 귀가 후 손녀에게서 전화가 왔다.

"할머니. 성공을 위해 정신없이 달려가 자기 목표를 이루어 보겠다고 했는데… 그 길목에서 주변을 너무 도외시하면 안될 것 같아요. 저도 그녀처럼 성공하고 싶지만 그런 성공은 성공이 아닌 것 같아요. 가족도 중요하고 주변도 중요한 것을 새삼 깨닫게 되었어요.

부모 몰래 자기만을 위해 자아성취의 꿈을 안고, 시골 소녀가 중2때 도시로 뛰쳐 올라와 마침내 나름대로 성공하며 달려왔는데 그 끝은 죽음이네요. 서서히 죽음을 향해 걸어가면서 그것을 모르고 살아온 생은 결국엔 후회와 아픔으로 마감되네요. 할머니, 저는 그러지 않기로 했어요. 일의 성공도 중요하지만 그 과정에서 무엇보다 가족의 소중함을 알게 되었어요.

자기를 지키기 위해 속내를 기어이 드러내지 않으려고 엉거주춤하는 그녀. 그것은 남에게도, 자신에게도 솔직하지 못하고 '오기'로 버티는 꼴이 되며 결국엔 쓰러지고 마네요.

할머니, 저는 오늘 이 연극을 보면서 속으로 많이 울었어요. 저의 앞으로의 생의 계획에 대해 새로운 생각을 하게 되었어요. '더불어 살아가야겠다'라고 맘 속으로 말이에요."

나는 손녀가 이번 공연을 보고 위와 같이 고백하는 것을 듣곤 적이 놀랐다.

'백문불여일견(百聞不女一見)이구나' '막 자라는 아이들에게 '경험'이란 엄청난 효과를 가져올 수 있구나! 우리 아이들에게 어떻게 하면 여러 체험을 시킬 수 있을까?' 새삼 내 손자, 손녀들의 얼굴이 떠올랐다.

한편, 성의 찰나적 쾌감을 맛보기 위해 잘못 문을 열면 얼마나 씻을 수 없는 상처를 남기고 그 흔적 앞에 흐느껴야 하는지… 나아가 그것은 자신에서 끝나는 것이 아니라 다음대로 이어지며 지워도 지울 수 없는 왜곡된 심성을 만들어가게 된다는 것을…

이 연극은 자연스럽게 성에 대해 노골적 대화를 주고받으면서도 잘 소화시켰다. 이 연극을 보고 있는 관객층이 거의 20~30대 젊은이들이었는데 '그들은 과연 어떤 생각을 했을까' '충동적 성욕을 어떻게 자제, 조절해 나갈 수 있을까…'

'하나님은 가장 소중한 성을 어떻게 가꾸어 가기를 바라실까'

이 연극의 무대 구성 및 조명을 보면서 작가가 연극에 대해 상당한 식견이 있음을 알게 되었다. 그의 오랜 경력이 쌓여 앞으로 점점 더 격조 높은 작품을 만들어 낼 것을 기대해 본다.

문화생활, 이것은 우리의 정신세계를 성숙시킬 수 있는 소중한 통로이다. 인공지능, 빅데이터, 우주공학 모두 중요하지만 보이지 않는 정신세계의 양식이 될 인문학, 곧 철학, 문학, 예술 등의 부문 또한 얼마나 중요한지를 또 한번 생각하는 오늘의 연극관람이었다.

# 어느 사제의
# 침묵

… 새벽 눈을 떴다.

오늘은 조카 신부의 장례식 날이다.

그런데 몸을 일으켜 반쯤 일어나고 있는데 머리가 어지럽고 심장이 연이어 두근거리기 시작했다. 할 수 없이 눈을 감고 다시 누웠다. 전날 밤 장례식장 조카 신부 영정사진 앞에서 울고 또 울었던 충격이 아침이 되어도 가시지 않고 있었나보다.

사진에서 웃고 있는 신부 모습을 차마 볼 수 없어서 고개를 숙인 채 읊조리는 울음소리로 슬픔을 토해내고 말았던 것이 다시금 떠올랐다.

그 후 3년이 지난 오늘 그 6월은 어김없이 찾아와 신부의 그 날을 상기하게 했다. 지난 시간들이 다시금 머릿속에서 주마등처럼 스쳐간다.

신부가 세상 떠나기 몇 달 전이다. 처음으로 조카 신부는 동생과 함께 우리 집을 찾아왔다. 뜻밖의 방문이었다. 그런데 그때, 그는 내가 앉아있는 의자 앞쪽에 서서 나를 내려다보며 이런 말을 했다.

"고모, 고모 하실 일이 있어요."

"뭔데?"

"고모 아직 저희집 가족은 다 구원받지 못한 상태잖아요. 고모가 그 일에 힘쓰셔야 할 거예요."

"응, 그렇지! 하지만 젊은 신부 네가 그 일을 더 많이 해야지. 나보다 넌 젊고 잘 할 수 있는 신부님이잖아. 그 일은 그대가 더 많이 해야지…"

"아! 고모, 말하자면 그렇다는 거죠…"

우린 더이상 그다음 말을 하지 않았다. 그리곤 몇 달 후 그해 2016년 6월, 신부는 세상을 떠났고 그 말은 내게 남긴 마지막 유언이 되고 말았다.

참으로 말이 적고, 겸손하며 늘 빙긋이 웃기만 하는 보고 싶은 나의 조카, 사랑하는 신부님이다.


'어찌하여 한창 일할 나이, 무성한 잎에 윤기가 오르기 시작하는, 그 젊은 나이에 그는 왜 그렇게 일찍 가야만 했을까?'

그가 가기 일 년 전, 그러니까 2015년 5월 말경 난 왼쪽 눈으로 대상포진이 심하게 와서 뇌 쪽까지 퍼져 큰 고생을 했었다. 그즈음 세브란스 병원에 입원해 있던 6월 어느 날이었다. 조카는 입원실에 조용히 들어와 침대 곁에 팔을 대고 앉아서 이런 말을 내게 했다.

"고모 많이 힘드시죠?"

"그래 정말 너무 아파!"

"소리를 안지를 수가 없어."

"고모 그렇지요, 오늘 할머니 장례식 끝나고 그냥 고모한테 왔어요." 그리곤 한 번 살짝 웃더니 "고모 돈은 좀 있어야 되겠어요. 살아가면서 필요하네요."

"와! 그렇지, 신부님 그걸 이제 아셨나요?!"

"그래요, 돈은 필요악이에요. 너무 많으면 잘못 쓸 때 화가 될 수도 있지만, 너무 없으면 많이 불편하죠…"

"호호, 이제라도 아셨으니…"

"하! 하!" 둘이 이렇게 웃고 말았던 기억이 난다.

그리고 일 년 뒤 젊은 신부의 음성을 다시는 들을 수 없게 되었다.

다만 마지막 장례식 장면을 동생이 전화로 들려준 이야기가 다시 불현듯 나의 귀 속에서 기억의 문을 열어주었다.

장례식을 마치고, 동생이 전철을 타고 오면서 차 안에서 해주던 말이다. "언니 오늘 신부 장례식을 보면서 난 이런 생각을 했어.

'아! 우리 곁에 한 작은 하늘의 아들이 살다갔구나, 우리는 몰랐지만…' 그런 생각이 들 만큼 장례식이 너무 엄숙하고 거룩한 느낌이 들었었어, 언니 내 말 듣고 위로받기 바래…"

그는 위암으로 판명받고 몇 달을 고통을 겪으면서도 수술을 거부하고 그대로 주신 생명대로 살다 가겠다고 하면서 몸으로 그 아픔을 다 받아들이곤, 결국 자신의 고통의 몸과 씨름하다 이 세상을 떠났다.

2014년 6월.

필자는 『우리가 몰랐던 창세기』란 책을 낸 적이 있다. 그래서 그 책을 조카 신부에게 보냈었다. 그런데 바로 오늘 우연히 이런저런 자료를 정리하는데 한 장의 프린트물이 나와서 '이게 뭐지?'하고 들여다보니 조카 신부가 써 보낸 『창세기』 독후감이었다. 전혀 나의 기억에 없었던 일이다. 까마득히 잊고 있었던 터라 반갑기 그지없었다.

'어머! 여기에, 가버린 신부가 남긴 글이 있었구나. 참, 다행이다… 그의 생각을 글이나마 읽어 볼 수 있다니…' 그가 써 보낸 독후감 내용을 읽고

난 또 한 번 깜짝 놀랐다. 신부는 이 책을 읽고 죄, 믿음, 회개, 용서 등의 개념을 다시 정리해 보게 되었다는 것이다. 이 아니 기쁜 일인가!

아래의 난은 그가 써 보낸 원본 그대로 한 면을 할애해 보려고 한다.

"우리가 몰랐던 창세기"를 읽으면서 다음의 단어를 정리해 보는 시간을 갖게 되었다. 즉, 죄(罪), 구원(救援), 성령(聖靈), 믿음, 참회, 용서 등 …

지금까지 죄 하면 누구를 죽였다든지, 다른 사람에게 사기를 쳐서 상대방에게 금전적인 큰 손해를 끼쳤다든지, 그에 버금가는 정신적인 상처를 줌으로써 일상생활을 할 수 없을 정도로 피해를 준 것으로 인식하고 가벼운 물질적, 정신적인 상처는 그냥 넘어가려고 했던 것 같은데, 원죄(原罪)라는 개념을 아담과 하와로 시작해서 "욕망의 눈으로 본 선악과"를 주의 깊게 읽으면서, 나 역시도 원죄의 범주에 속하고 있음을 뼈저리게 느끼게 되었다.

구원(救援)하면, 예수님을 믿기만 하면 곧 구원된다고 생각했는데, 그것이 아니고 진실로 예수님을 만나고 다시 태어남(Born Again)이 있어야만 구원되었다고 한다면 과연 예수님을 만난다는 것이 무엇인가를 이 책을 읽으면서 다시 생각하게 되었다. 책에서 구구절절이 예시하고 있는 내용을 읽으면서 기도하는 과정에서 난 어느 순간 문득 계시하고 계시는 예수님의 말씀을 체험할 때 깊이 주님과의 만남을 가질 수 있고 또한 구원이란, 절대적인 그분의 인도하심이 있어야 한다고 알게 되었다.

성령(聖靈)하면, 명확하게 정의를 내리기가 힘들어서 뜬 구름을 보듯이 막연히 성령을 받았으면 좋겠다고 생각했는데, 이 책의 족장역사에 나오는 아브라함, 이삭, 야곱, 요셉의 생애를 정독하다보니 과연 그들이 험난하고 엄청난 시련을 겪으면서, 또 시행착오와 실패를 거듭하면서, 직접 본인이 처절하고 암담한 상태에서 그것을 디디고 일어나는 과정을 보면서, 과연 성령이 임하지 않으면 재기하기가 매우 어렵겠구나 하는 것을 절감하게 되었다.

믿음 역시 보통으로 매일 규칙적으로 기도생활하고 교회나 성당에 나가서 예배를 보는 것으로 족하다고 느끼고 있었는데, 카인과 아벨의 제사를 비교하고 있고, 또 그 내용(믿음)이 어떠하면 하나님께서 쾌히 받으시는지, 임의로 자기주장대로 하면 안 되겠구나 하는 것을 구절구절 읽으면서 알게 되었다.

끝으로 창세기 50장을 읽으면서 용서한 자기 쪽에서 능동적으로 해줄 수도 있고 수동적으로 잘못을 상대방에 고백함으로써 용서를 청할 수도 있는데 어디까지나 상대적으로 쌍방이 공감함으로써만 이루어질 수 있다고 결론짓게 되었다.

『우리가 몰랐던 창세기』를 정독하고 나니 과연 성경이 고전 중의 고전이구나 느끼는 동시에 구약과 신약의 연관성으로 새롭게 보면서, 흡사 추리소설을 읽듯이 재미있고 "창세기"를 다시 차근차근 읽어보며 단어 하나하나가 새롭고 또렷이 머리에 새겨지는 것을 알게 되어 매일매일 더 좀 깊게 읽어야지 하고 스스로 다짐하는 계기가 되었다.

주님!

"모든 것의 모든 것이 되시는 여호와 하나님!

땅에 발을 딛고 살든서 하늘의 삶을 살고 간 조카 신부, 그 영혼을 긍휼히 여겨 주시옵소서. 또한 아들을 잃은 부모, 형제들 모두를 불쌍히 여기시옵소서.

언젠가 살아있는 자들의 숨이 멎는 날 다 같이 천국에서 만날 수 있도록 은혜를 베풀어 주옵소서."

기도 끝맺음을 하려고 하는데 창가 저녁 햇살이 스러져 가고 있다. 마치 운명하기 겨칠 전 즈카 신부 발가락을 주물러 주려고 다가갔을 때 그 온기가 스러져 가고 있는 것을 감지했을 때처럼 오늘도 이 하루의 마감을 알리는 어두움의 휘장이 서서히 내 앞에 다가오는 느낌을 받는다.

## 빛의 소리

어둠과 밝음의 경계선.
새벽과 함께 말씀 테잎이 막 돌아가고 있을 때이다.

한 오분쯤 지나서일까?
갑자기 콧잔등이 찡해오면서 눈물이 고이기 시작했다. 어젯밤에는 위가 쓰려 자다 깨다 하느라고 잠을 설쳤다. 그런데 말씀을 듣다말고 난 엉금엉금, 더듬거리며 펜을 들었다. 예기치 않은 순간이 지나가고 있었기 때문이다.

영혼이 떨려 왔다. '내가 누구인가?'
갑자기 빛 앞에 선 느낌이었다. 베일이 확 벗겨지는 것 같았다. 주위는 좌우를 둘러보아도 고요와 적막의 연속이다.
내가 내 소리를 들을 수 있을 뿐이다. 그런데 주께서 아주 가까이 내 귀에 대고 알려주시는 것 같았다.
"얘야, 너는 내 사랑하는 딸이란다. 그 사랑을 진정으로 알려주려고 너에게 이런 환경을 만들어 준 것이란다."

욥기 38장의 말씀은 계속 이어지고 있는데 욥과 대화하는 말씀은 바로 내게 하시는 말씀으로 들려오고 있었다.

"딸아! 너는 이 창즈의 한 부분, 작은 부스러기가 아니라 나와 우주 창조에 대해 이야기를 나눌 자란다. 넌 네가 왜 그토록 큰 아픔을 당하고 있는지 그 이유를 물으려 하는데, 그것은 더 깊은 나의 신령한 세계로 들어와야 알 수 있게 된단다.

너는 영원까지 나와 동행하게 될 내 자녀, 나의 대화자이기 때문이지. 지금 있는 그 자리에 네가 머물고 있는 한 너는 아무런 답을 얻지 못할 것이다. 더 높고, 더 넓은 세계로 내가 너를 인도하려는 것이 너를 향한 나의 계획이란다."

"딸아! 자 내 방으로 들어오너라. 너와 나는 주종(主從)의 관계가 아니라 나의 분신이요, 크고 존귀한 자, 내 것을 전부 주려는 나의 상속자란다."

이 말씀은 욥이 아니고 분명코 내게 주시는 말씀으로 뚜렷하게 내 마음속에 각인(刻印)되고 있었다.

나는 혼잣말로 나의 영혼에게 되묻기 시작했다.

'아니 내가 하나님께 그만큼 소중한 존재란 말이야…'

"아! 아버지, 하늘 아버지, 왜 그토록 가까이 저를 당신 곁에 두시려 하십니까?"

"그건, 너는 존귀한 내 자식이니까, 아무런 이유가 없지… 무조건일 뿐…"

남편이 떠난 이후 오랜 시간 난 '미망인'이라는 이름을 갖고 나도 모르게 자존감이 낮아진 채 살아왔다. 때로 남들 앞에서는 아무런 일도 없었던 여인처럼 서 보려 했지만 마음속으로는 여전히 위축된 채 스스로 자신에게도 당당하지 못했다. 속으론 때로 우울했고, 작은 일에도 자주 분노를 터뜨리곤 했다. 허공을 헤집고 못내 흔들어보아야 손에 잡히는 것은 아무것도 없건만…

얼마 전 남해로 동생 가족을 비롯해 몇 가정이 여행을 떠났다. 문득 바다를 보는 순간 눈앞에 펼쳐지는 남해바다 물결은 파도 몰려오듯 내 마음을 흔들어 놓고 말았다.

잔잔하던 연못에 돌이 던져지는 순간 파문이 일듯이 심장은 주체를 못하고 뛰기 시작했다.

허전함이 온 몸을 감쌀 땐 발끝에서부터 심장까지 열이 치솟는 기분이 들기도 했다.

그런 나의 모습을 보고 계시던 하나님!
"당신께서 오늘 이 아침 주시는 환희는 그 어떤 언어로도 표현할 길이 없습니다."

"내일은 아이들과 남편 묘에 가서 시신을 꺼내 이장(移葬)을 하기로 한 날입니다."
"또 한 번의 죽음을 다르게 맞아야 하는 날입니다."

30년도 더 넘은 세월.
무덤에 들어가 살은 흙이 되고 뼈만 앙상히 남아있을 시신, 해부학 교실의 시신처럼 누워있을 터인데…

아들, 딸이 그 일을 끝내고 가루를 돌항아리에 넣어 가족묘에 안치할 예정이다.

긴 세월 그는 산 속에 미동의 자세로 누워있고, 나는 살아서 걸어 다니며 시간을 먹고 살아왔다. 살아온 것이 아니라 살아내려던 시간들이었다.

그런데 오늘 이 새벽!

하나님은 나를 태츠의 빛으로 인도해 주시며, 내 팔을 붙잡아 일으켜 주시며 "너는 나의 신부"라고…

솔로몬의 아가서 2장 6절의 말씀으로 조용히 내 귓가를 두드리고 또 두드리고 계셨다.

빛의 소리로 ….

2부
# 여행 스케치

# LA 롱비치 해안을 바라보며

　멋진 바다, 출렁이는 파도, 막 저버리려는 해, 그 바다 물결을 타고 파도타기를 하는 사람. 넓고 긴 모래사장, 해풍에 흔들리는 풀잎들, 그 뒤에 방풍막처럼 둘러 서 있는 색색의 작은 집들, 아! 해변의 이모저모를 너무 길게 늘어 놓은 것 같다. 그래도 마지막으로 쓰고 싶은 한 곳… 길고 긴 나무다리. 그 다리 끝 난간에 기대서서 물결을 내려다 보고 있는 나!…

　시누이는 감기가 심해 함께 걷질 못하고, 근처 상점 의자에 앉아 있고 시누이 남편과 나만 걸어 들어갔다. 오랜 시간 바닷바람에 시달린 듯한 긴 다리는 걸어들어 갈수록 점점 바닷속으로 몸이 들어가는 느낌이었다. 다리가 상당히 멀리 바다 안쪽까지 들어서 있기에 땅에서 보면 그 끝이 가물가물해 보인다.

　나는 난간에 턱을 고이고, 아직은 하늘 끝에서 작열하듯 빛을 뿜어내는 석양을 보면서 넋 잃은 사람처럼 한참을 서 있었다. 바다를 처음 본 것은 아닌데…

　가슴이 소리 없이 울렁인다. 바닷바람은 내 볼을 스치다 못해 때리고 가듯 시원스레 불어왔다. 모래사장은 마치 수천 겹의 광목 헝겊을 펼쳐

놓은 것 같다. '이렇게 드넓은 바닷가, 미국 LA 어느 해변가 나무다리 위에서 하늘과 바다가 맞닿은 수평선을 바라보고 있다니…' 꿈만 같다.

이곳에서 북쪽으로 계속 올라가면 그 유명한 미국 서부 해안가 롱비치(Long Beach)가 나온다고 한다. 해변가 안쪽엔 예쁜 상점들이 조그마한 조각처럼 길 양쪽으로 줄지어 있다. 저녁때라 벌써 문을 닫은 곳도 있지만 대부분은 아직 영업을 하고 있었다. 가게들의 쇼윈도가 볼만했다. 안으로 들어가 이모저모 구경도 하고 싶었지만 일행을 생각해서 그냥 아이쇼핑만 했다. 그래도 재미있고 즐거웠다. 특유의 아담한 옷 가게, 장난감 가게, 액서서리 가게, 빵집 등은 찾아드는 여행객의 발걸음을 멈추도록 하기에 충분했다.

해변에 도착해서 삼십분이 채 못 되었는데 어느새 서쪽 바다위에 걸쳐 있던 해는 살짝 수평선 너머로 사라져 버렸다. 조금 전까지만 해도 태양의 빛줄기로 인해 바다 위는 은빛 물결을 타고 넘실대는 청보라 바다빛을 연출했건만, 그 빛이 사라지더니 이내 어둠으로 온 주변이 물들어 버렸다.

다시 차를 타고 해변가를 따라 내려오다가 시누이 내외는 나를 어느 스테이크 하우스로 안내했다.

미국 정서가 물씬 풍기는 고급 레스토랑이었다. 붉은 전등이 천장 여기저기 달려있고 그야말로 노랑머리 종업원 모두가 분주히 움직이고 있었다. 뷔페처럼 차려놓아 맘대로 골라먹고 곧이어 쇠고기 스테이크가 익혀져 나왔다. 접시 한 옆으로는 어른 주먹만 한 크기의 감자가 구워져 나왔는데 그 속에 버터를 넣어서 고소한 냄새가 코끝을 스쳤다. 껍질 속, 익은 감자를 다 먹어 치우기에는 너무 배가 불렀다.

두 사람이 맘먹고 내게 미국 쇠고기 스테이크를 실컷 먹여주고 싶어 이곳을 택한 것 같다. 먹으면서도 고마운 마음이 떠나질 않았다.

그 밤, 시누이 내외와 같이 하면서 낯설은 센나토스 밤거리 정취를 눈 속 가득히 넣어가지고 돌아왔다. 해질 녘 해변의 그 장관과 함께!

사진기나 핸드폰으로 남겨 놓지 않았어도 모든 것이 머릿속에 셔터로 찍은 것보다 더 선명하게 남을 것 같다. 어느 한 순간, 잠시였지만 난 꿈꾸는 해변의 여인이 된 기분이었다.

# 일본 구경

인천공항 출발.

1시간 40분이 경과했다. 곧 일본 땅에 도찰할 예정이다. 처음 밟게 되는 일본 땅, 기대가 된다. '어떻게 생겼을까?'

드디어 나리타 공항에 내렸다. 생각보다 공항 주변은 깨끗하고 별로 붐비지 않았다.

학회 안내자가 종이티켓을 들고 서 있다가 우리를 반갑게 맞아 주었다.

점심으로 메밀국수를 먹었다. 그런데 서울의 메밀국수 맛과는 달랐다. 국수 자체가 라면처럼 꼬불꼬불한 모양인데다가 그 위에 날계란을 풀어 주어서 느끼했다. 한 그릇이 서울로 치면 팔천 원 가량, 듣던 대로 역시 비싸다. 일행 한 끼 식사가 약 십만 원쯤 들었다. 서울의 배가 되는 가격이다.

지하철을 타고 학회가 개최될 약속 장소로 향했다. 지하철 내부는 오래된 탓인지 좀 지저분해, 서울 지하철이 더 깨끗한 편이었다. 자리에 앉아 마주앉은 젊은이들을 보니까 우리 한국인과 너무도 흡사했다. 그래서 유럽에 가면 한국인 보고 "일본인 아니냐"고 묻는가 보다.

흔들리는 손잡이를 붙들고 가는 노인들이 서둘러 자리에 앉으려 애쓰지 않고 대부분 꼿꼿이 서가는 모습도 참 인상적이었다. '어디 자리 없나?' 하며 기웃기웃하는 모습보다 오히려 의연해 보여 앉혀 드리고 싶은 마음이 절로 들었다.

전철역 주변 집들은 대부분 나무로 된 이층집인데 규모가 아주 작아보였다.

우리 일행 다섯 명은 신주쿠역을 지나 요요꼬역에서 내려 택시를 탔다. 도심 안은 서울 중심가와 비슷하게 간판 줄 잇기로 도배를 했다. 먹는 간판, 입는 간판, 영화 간판 등등…

사람들은 대체적으로 한국인보다 키가 작고 가무잡잡한 편이다. 특히 눈에 띈 것은 여자들이 검은색 양산을 너 나 없이 쓰고 다니는 모습이었다. '열을 많이 흡수해 뜨거울 텐데… 왜 검은 양산 일색이지?' '이것도 이 나라 풍속이거니…' 생각하니 참 문화란 재미있다는 생각이 들었다.

우리가 도착한 숙소는 청소년 유스호스텔이었다. 그곳에 여장을 풀고, 오후 4시경 학회 개최 장소까지 서둘러 갔다.

하얀 백발의 노학자들이 여기저기 눈에 띄었다. 첫 번째로 얀센 교수가 '칼빈의 성찬식'에 관한 논문을 발표했다. 영어, 일어, 한국어, 대만어 등으로 통역을 하다 보니 시간도 꽤 걸릴 뿐더러 지루하고 앉아 듣는 나는 몸이 자꾸 뒤틀렸다. 애꿎은 의자만 '삐걱, 삐걱' 시달림을 당했다. 하지만 내 앞에 앉은 회원들은 불평하는 내색 없이 모두들 진지하게 원고를 따라가며 고개를 숙여 함께 읽어가고 있었다. 평생 공부에 열중했을 모습이 그분들의 태도에서 묻어져 나오기에 이런 상상을 해보았다. '이분 학자들의 탐구정신과 그 노력의 결실로 오늘의 기독교 역사가 이어져 온 것 아닐까…' 서울에서 참석한 장신대 교수 몇 분과도 반갑게 만났다. 약 70명 가량의 학자들이 밤이 가는 줄 모르게 읽고, 토론하고 질의 응답하는 시간을 가진 후 밤 10시쯤 모든 순서는 끝이 났다.

내가 참관한 '아시아 칼빈학회'는 20년 전 일본학자 노무라 교수가 주축이 되어 창설했다고 한다. 그런데 이번 학회에도 그 교수 내외가 참석하셔서 제일 앞자리에 앉아 계셨다. 첫날 학회가 진행되는 동안 두 분은 끝까지 자리를 뜨지 않고 함께 하셨다.

그런데 둘째 날! 예상치 않은 일이 벌어졌다. 노무라 교수의 부인이 의자에 앉아 계시다가 갑자기 스르르 옆으로 넘어지시더니 그만 정신을 잃으신 것이다. 더 좀 자세히 말하면 기절하고 만 것이다. 모두들 어리둥절하며 가슴이 철렁했다. 연로하신데다 몸도 가늘가늘해 보였다. 너무 과로하신 것 아닌가 싶다. 장내는 잠시 술렁였다. 간단한 응급처치 후 곧바로 부인은 병원으로 실려 가셨다. 이어서 학회는 진행되었고 우리 모두는 맘속으로 얼마간 걱정을 안고 내일을 약속하며 헤어졌다.

드디어 셋째 날! 학회 마지막 날이 돌아왔다. 어제의 일로 회원들이 두런두런 이야기를 나누고 있을 때였다. 그런데 조금 지나 노무라 교수가 부인을 부축하고 들어서시는 것 아닌가!…. "어머나!" 난 내 눈을 의심하지 않을 수 없었다. '저럴 수가!…' 연세가 팔십하고도 중반에 들어서신 것을 어제의 일로 알게 된 터이기 때문이다. '어떻게 다시 오실 수 있었지?…' 부인은 밤새 주사를 맞고 나오신 것이다.

'책임감?' 노부부의 모습은 나의 마음속에 작은 파동을 일게 했다. 그리고 일본인의 끈질긴 근성의 한 단면을 훔쳐보는 듯해, 앉아서 원고를 넘기고 계신 부인의 모습을 보고 또 보았다.

　학회 일정을 마치고 오후엔 각각 팀을 짜서 시내 구경에 나섰다. 열 명 남짓의 우리 팀은 시나 박물관을 관람키로 했다.
　박물관 공원 안에는 줄잡아 백 년은 넘을듯한 아람드리나무가 검푸른 잎을 자랑하며 우뚝으뚝 서 있어서 굳이 양산이 필요 없었다.
　우리가 간 동경 국립 박물관은 역사 박물관, 미술 박물관, 조각 박물관으로 구분되어 있었다. 일행은 역사 박물관부터 들어갔다. 바닥은 베이지색 대리석으로, 1,2층으로 나뉘어져 있는데 많은 사람들이 벌써와 관람하고 있었다. 군데군데 안내원이 서 있고, 장내는 어두웠다. 옆 사람 모습이 제대로 보이질 않을 정도였다. 그림 중에는 스님을 주제로 한 그림이 많이 걸려 있었다.
　역사의 흐름을 말없이 알려주는 귀중한 소장품들이 잘 보관되어 있어 한눈에 일본 역사를 훑어보는 기분이었다. 명실상부하게 일본을 대표하는 동경중앙박물관은 한국의 국립중앙박물관과 그 규모나 품격에 있어 별로 차이가 없어 보였는데 다만 박물관 개관 역사가 더 오래된 느낌이었다.

　일본문화는 불교문화 일색이라 해도 과언이 아니다. 불상, 그림, 조각 모두 우리나라 신라, 고려 작품들을 둘러보는 듯했다. 특색이 있다면 색조가 거의 청 녹색, 밤색, 베이지색으로 이루어져 어두운 느낌이 들었다. 15세기 카펫도 유리관 속에 따로 보관되어 중앙 한가운데 서 있는데 그것 역시 청녹색이 주류를 이루었다. 일본의 옛 남성들의 옷 기모노도 전시

되어 있으나 여성을 주제로 한 그림이나 옷은 거의 찾아볼 수 없었다.

역사관을 지나 미술관에서도 비슷한 느낌을 받았다. '그 당시 일본도 남존여비 사상을 가지고 있었나 보다.

박물관 관람을 마치고 가까이에 위치한 명치 신조 공원엘 찾아갔다. 호텔 경비 아저씨가 공원을 가기 위해서는 홀스 스트리트(Horse Street)를 찾아가면 된다고 알려주며, 말(horse)타는 시늉을 하기에 그 말(word)을 믿고 계속 '어디쯤 가면 말(horse)을 볼 수 있을까?' 하면서 한참을 걸었다. 그랬더니 '아뿔사!' 길 이름이 홀스 스트리트(Horse Street)로서 예전에 그 길로 말(horse)들이 많이 다녀서 붙여진 이름이라는 것이다. 있지도 않은 말을 보려고 두리번거리면서 거리를 걷고 있었으니…, 모두가 허탈 웃음을 웃으며 깔깔거렸다.

마침내 찾아 나섰던 신조공원에 들어섰다. 갑자기 까마귀 떼들이 우리 쪽으로 떼 지어 날아오는 것이 아닌가! 검디검은 까마귀들의 공중 대행진은 보는 이의 마음을 섬뜩하게 했다. 마치 검은 천으로 하늘을 뒤덮는 듯 하면서 까악까악 소리 내어 짖어대는가 하면, 나무 위에 있다가 한꺼번에 날아갈 땐 날갯소리가 바람소리처럼 들려왔다.

까마귀 떼를 피해 얼마를 걸어들어 가니까 중년부인 대여섯 명이 활 쏘는 연습을 하고 있었다. 우리는 연습장 옆 마루에 걸터 앉아 한동안 그 광경을 보고 있었다. 그녀들은 오직 활 당기는 일에만 열중했다. 우리에겐 관심도 두지 않았다. 흡사 도(道)를 닦듯이 엄숙한 표정으로 과녁을 향해 화살을 당기고 있었다. 검도복 비슷한 치마 스타일 검은 옷을 입고 활과 화살 속에 몸을 맡기고 있었다. 잠깐씩 그녀들 앞에 세워져 있는 신상 앞에 절을 하곤 돌아와, 다시 활을 가슴 쪽으로 끌어 당겼다. 이 모습은 어찌보면 한국 올림픽 태릉선수촌 양궁 선수들을 연상시켰다. 운동치고는 좀 색다른 느낌을 주었다.

공원 안에는 역시 글을 써넣은 색색의 종이들이 나무 가지위에서 펄럭이고…, 아무튼 귀신 모시는 신당들이 심심치 않게 여기저기 꾸며져 있어 하나님을 믿는 내 눈에는 이상하게 보일 뿐이었다. 이곳에 오기 전 일본이라는 나라는 수백 개의 신상을 모시고 사는 나라라고 들었는데 과연 그 말 그대로라는 것을 실감할 수 있었다.

해질 무렵, 공원을 나와 호텔에 다다르니 땀이 비 오듯 쏟아졌다. 팔월의 열기는 한국이나 일본이나 다를 바가 없었다.

잠시 갈증을 달래려고 음료수 센터에 들어가 쥬스를 먹고 있을 때다. 안에 있는 키다리 의자 옆을 힐끗 돌아보는 순간 초등학생 몇 명이 카드놀이를 하고 있었다. 그런데 그 모습이 하도 진지해 옆으로 슬쩍 가보았다. 좀 수상하다 싶었더니 이 아이들이 어른들처럼 포커 놀음과 같은 카드게임을 하는 중이었다. 돈을 주거니 받거니 하는 모습이 꼭 어른들 놀음판 같은 모양새였다. 눈빛이 번득이며 살기가 도는 듯 했다. '아하! 겨우 3~4학년으로 밖에 보이지 않는 아이들인데…' 일본 속의 한 어두운 이면을 발견한 듯해 씁쓰름한 느낌이 가시질 않았다.

일본을 떠나는 마지막 아침이다. 같이 갔던 우리 일행은 잠자리 곤충을 채집해 놓은 듯한 비행기 행렬을 창 너머로 내다보면서 "사요나라" 손을 흔들며 일본 땅을 떠나왔다.
비행기는 빙글빙글 날갯짓을 하더니 어느새 높이 올라 하늘을 날기 시작했다.

# 남해의
# 그림엽서

　9시에 서울을 출발, 오후 2시경 진도에 도착했다. 섬이 아늑해 보였다. 군데군데 호수도 있고 섬 둘레로 산이 아담하게 병풍처럼 둘러쳐 있어서 다정한 시골 바닷가 마을? 그런데 알고 보니 우리나라에서 네 번째로 큰 섬이다. 제주도, 거제도, 그리고 강화도 그 다음이 진도였다.

　우리 일행 세 사람을 맞이해준 분은 그곳 진도에서 목회를 하고 계시는 목사님이셨다. 아직 해가 중천에 있으니 우선 섬 주변을 둘러보기로 했다. 먼저 가 본 곳은 폐교로 남아 있는 초등학교 교정이었다. 넓은 운동장에 서서 노란색, 핑크색으로 칠해진 학교 건물을 보고 있으려니 교실에서 아이들이 막 나올 것만 같았다.
　'폐교'라니? '이 좋은 학교에 왜 아이들이 없을까?'
　그러나 진도 인구가 11만 명에서 이젠 3만 명으로 줄었다는 말을 듣는 순간 모든 걸 미루어 짐작할 수 있었다.

　자동차 창문으로 밭이랑이 언뜻언뜻 눈에 들어왔다. 이 고장에서는 파 농사를 많이 짓는다고 한다. 마늘대도 제법 굵게 커 가고 있었다. 보리도 푸르게 자라고 있어 바닷바람에 너울거렸다.

밭에는 할머니들이 머리에 수건을 쓰고 쪼그리고 앉아 밭일을 하고 계셨다. 그 옆으로 자동차를 타고 지나려니까 왠지 민망스러운 마음이 들었다.

초등학교를 지나 10분쯤 달려가니 '금주학교'라고 하는 작은 집 한 채가 나왔다.
이 학교는 전 목사님을 중심으로 십여 년 전 알코올 중독자를 치료해 보고자 하여 세워진 학교라고 한다. 전 목사님은 오래전 이곳 진도 섬에 들어오셔서 "칠전교회"를 개척하셨고 그 후 지금까지 32년간 교회를 지켜오고 계셨다.

교회를 낀 길 양 옆으로는 파인애플 나무가 줄지어 서 있는데 쭉쭉 갈라져 뻗은 큰 잎들이 바람에 나부끼면서 한껏 이국적인 풍경을 자아내고 있었다. 자동차가 오분 이상 달릴 때까지 상당한 거리가 파인애플 나무로 우거져 있었다. 그 많은 나무를 목사님과 칠전교회 교인들이 심고 가꾸었다고 한다. 나무 나이가 15년을 넘었다고 말하실 때 목사님 얼굴의 주름살들이 엷게 웃고 있었다.

2층으로 지어진 교회 본관을 둘러보고 옆 건물로 건너갔다. 그곳엔 대나무를 얼기설기 엮어 만든 '게르'라고 불리우는 몽고풍 식당이 있었다. 마치 겉모습이 몽고인 집처럼 둥근 천막으로 꾸며져 있어 '게르'라 부르는 이름이 딱히 걸맞는 것 같았다.
거기서 우리는 낯선 한 청년을 만났다. 이 청년은 몇 년 동안 금주학교를 다닌 후에 알코올 중독에서 벗어나 지금은 열심히 목사님을 돕고 있는 청년이었다. 표정어 웃음이 가득한 것이 인상적이었다.

조금 전 다녀온 초등학교 옆을 흐르던 냇물 줄기는 교회 앞쪽을 따라 연이어 흐르고 있었다. 그런데 그 냇가 옆을 지나면서 색다른 장소가 나왔다. 우리가 종종 들어왔던 익숙한 이름이다. 소위 '진돗개'라 불리우는 그 유명한 진돗개 훈련소가 언덕 저만치 자리 잡고 있었다. 인기척이 나니까 여러 마리 개들이 연거푸 짖어대기 시작했다. 얼마나 우렁차게 짖어대는지 주위 산자락이 쩌렁쩌렁 울렸다. 덩달아 까마귀도 까악까악 울어대는 통에 귀마저 멍멍했다.

컹컹 짖어대는 개들의 울음소리는 쉬지 않고 이어져 온통 진도 섬 공기 전체를 뒤 흔드는 것 같았다. 목사님 사택 뒤로는 '꼬끼오' 닭도 울고, 삽

살개도 꼬리치고, 고양이도 슬금슬금 먹이를 찾아 개 밥그릇 주변을 맴돌고 있었다. 모처럼, 상상해 보았던 시골 정경을 실제로 볼 수 있는 정겨운 장면들이었다.

어느새 날이 저물고 어둠이 찾아들었다.
주위는 깜박이는 몇 개의 가로등만 서 있고⋯
검은 산등성이가 커다란 묘처럼 그 윤곽을 드러냈다. 문득 적막이 감돌며 쓸쓸함이 밤바람과 함께 몰려오는 듯했다.
식당을 나와 숙소인 펜션을 찾아들었다. 밤하늘을 쳐다보고 있노라니 별빛 총총하기가 은가루를 뿌려 놓은 듯 반짝였다.
도시 하늘에서는 거의 볼 수 없는 별들의 향연이었다. 한동안 나는 치켜올린 목을 내릴줄 모른채 하늘을 올려다보고 있었다. 별빛 쏟아지는 밤에 때 아니게 별보는 여인이 된 기분이었다.

다음 날 아침 6시.
펜션에서 나와 백여 개 계단을 올라 산 정상에서 아침 바다를 내려다보았다. 동틀 녘 진도 앞바다는 주황색 휘장을 펼쳐 놓은 듯했다. 푸른 숲으로 덮인 크고 작은 섬들이 띄엄띄엄 바다 가운데 떠 있는가 하면, 불그스레한 아침 태양은 하늘을 연홍색으로 물들이면서 수평선을 안은 채 장엄하게 떠오르고 있었다.
마치 한 폭의 아름다운 수채화를 보는 듯했다. 거제도를 아빠 섬이라고 한다면 진도는 엄마 섬이라고 부르면 어떨까?

몇 컷을 휴대폰에 담았다. 하지만 사진 속에 들어 온 풍광이 아무리 아름답다고 한들, 어찌 끊임없이 숨 쉬고 있는 바다 내음을 찍어낼 수 있으며 바람에 이는 풀잎소리를 담을 수 있겠는가!…

펜션 주변도 한몫 했다.
장독대, 사과꽃나무, 해 묵은 돌담하며 흙벽돌의 냄새 등등,

아침 9시가 조금 지나 목사님 부부가 우리를 데리러 오셨다. 좋은 찻집을 안내해 주겠다고 하시며, 구불구불 섬길을 돌아 언덕 위로 올라가셨다. 목사님을 따라 간 곳은 바로 진도에서 손꼽히는 명소인 울돌목 꼭대기 전망대 안에 있는 찻집이었다.
그 전망대 옆으로는 거북선 모형의 커다란 배 한 척도 놓여 있었다. 이순신 장군의 명량대첩이 일어났던 바로 그곳이 턱 밑 눈앞에 내려다 보였다. 좁은 바위를 낀 여울목은 그때나 지금이나 그 바다의 바다 물살을 타고 여전히 흰 거품을 뿜으며 흐르고 있었다.
역사를 뒤바꾸었던 그 옛날의 전쟁 흔적은 찾아 볼 수 없었지만 오고 오는 세대에 역사적 기록이 남겨준, 국운이 좌우되었던 사건은 나의 기억 속에 살아 움직이는 듯했다.

멀리 진도대교도 한눈에 들어 왔다.
굵은 흰 철사줄이 실타래 겹치듯 팽팽히 얽어져 있는 대교는 그 어우러진 모습이 햇빛에 반사되어 마치 은빛 목걸이를 여러 겹 늘여 뜨린 것처럼 보였다.
다리 저 멀리로는 감색 지붕을 인 섬마을 집들이 옹기종기 모여 바다를 지키고 있는가 하면, 대교를 배경으로 이순신 장군의 동상이 우뚝 서 있

어 또 한 번 나의 시선을 멈추게 했다.

　바람마저 잠든 고요한 바다!
　그 바다와 함께 조화를 이룬 남해의 진도는 그야말로 한 장의 그림엽서이다.
　내가 본 진도의 이모저모는 내 안에 오래도록 예쁜 그림으로 남아 있을 것 같다.

# 주님의 숨결을 찾아서

아래의 글은 2007년 장신대 설교학 교수님 인솔 하에 학과 일정에 따라 "목회 유형 연구"라는 주제를 가지고 대학원 학우들과 함께 미국교회를 둘러본 이야기이다.

특히 시카고를 중심으로 하여 여러 교회들을 탐방했는데 각 교회가 가지고 있는 독특한 특징을 볼 수 있었기에 여기에 선교기관과 몇 교회를 소개해 보고자 한다.

## Compassion International(국제 컴패션)방문

오전 8시 20분경 콜로라도 스프링스에 있는 국제 컴패션 본부에 도착했다. 현관 입구에 들어서자마자 한 동상이 눈에 띄었다. 아기를 등에 업은 한 젊은 엄마가 조금 큰 아이의 손에 이끌려 그 애가 가리키는 곳을 함께 바라다 보면서 막 달려가려는 모습이다. '이것이 무엇을 상징하길래 이 건물 제일 앞에 이렇게 세워 놓았을까?…'

이 기관을 설명해 주시는 분의 이야기를 이제부터 듣기로 했다.
이 기관은 한국 고아들을 위해 1952년 시작되었다고 한다. 그 후로 40

여 년간 한국 고아들을 키워주고 돌봐주다가 세월이 흘러 한국이 어느 정도 자립단계에 들어가서, 지금은 인도네시아, 파키스탄, 기타 다른 어려운 나라 쪽으로 그 사역을 옮겨가기 시작했다고 한다.

모든 운영은 기부금으로 되어지고 있으며 이 일의 주역은 교회들이라고 했다. 교회들이 앞장서서 이 사랑의 일을 할 수 있도록 국제 컴패션은 거의 뒤에서 드러나지 않고 이 사업을 주선해 오고 있다는 것이다. 오른손이 하는 일을 왼손이 모르게 하기 위해서는 이 기관 자체가 요란하게 외부에 알려지는 것을 결코 원하지 않는다는 것이다. '전쟁에서 수혜국이던 우리가 이제는 다른 나라를 도울 수 있는 나라로 잘 살게 되었다니…'

케냐에 며칠 전 다녀왔다는 또다른 목사님 말에 의하면 오늘도 케냐 쓰레기장에는 음식, 고철, 깡통을 줍는 아이들로 북적댄다고 한다. 그러나 이들을 데려다가 교회가 꿈을 넣어 주고 학비를 대주어 대학까지 키워내면 분명히 큰 인물이 된다는 것이다. 결국 이 아이는 자라서 강요받지 않고도 하나님을 섬기고 하나님의 사람이 된다는 지론이다.

아프리카에는 지금도 1년에 2억명 이상의 어린이들이 노예로 팔려가는 실정이며, 아프리카 전역을 보면 해마다 3만 5천 명 가량의 어린이들이 질병으로 죽어가고 있다고 한다. 가난의 반대는 부유가 아니다. 넉넉함의 만족이다.

우리가 먹는 피자 한판이면 가난한 나라 어린이들 한 달 양식이 될 수 있으며 한 사람이 한 달에 3만5천원을 내면 후원자가 될 수 있다고 알려주시는 것이다. 한 아이를 맡아 18세가 될 때까지 돌보아준다면 그 아이는 대부분 더 없이 귀한 하나님의 사람이 되어 있더라는 것으로 말끝을 맺지 못하셨다.

　인도네시아의 한 어린 학생의 얘기다. 그는 초등학교 때 예수님을 영접하게 되었고 그 후 늘 성경책을 들고 다니니까 자주 학대를 받곤 했다고 한다. 그런데 언제부터인가 학대하던 사람이 아프기 시작할 무렵, 이 아이가 가서 기도하면 병이 낫곤 했다는 것이다. 아이가 커서 어느덧 중학생이 되었을 때, 사람들이 다시 강제로 이 학생을 끌어다가 오물을 먹이며 또 핍박하기 시작했다고 한다. 그것이 원인이 되어 그 중학생은 지금 폐암에 걸려 점점 생명줄이 막혀져 가고 있는 형편이라고 전하셨다. 그래서 말을 할 때면 자주 숨이 막혀 제대로 이어서 말을 못한다는 것이다.
　마지막으로 목사님은 이 중학생이 한 말을 전해 주었다.
　"제가 아프다고 저를 보시면서 울지 마세요. 여러분이 하고 있는 이 전

도사역은 절대로 헛된 일이 아닙니다. 나는 언제 주님께 갈지 모르지만 그때까지 예수 그리스도가 나를 통해 증거되기를 원합니다." 이 말을 전하는 목사님도 목이 메어 말을 잇지 못하셨다.

"주여! 나로 하여금 보게 하시고 듣게 하신 주님, 오늘의 이 감격이 여기서 머물지 않게 하옵소서. 이 감동을 잊지 말고 간직하고 가서, 저도 작지만 동참자의 한 사람이 되게 하옵소서." 기도가 내 입에서 저절로 나오고 있었다.

국제 컴패션 사역을 시작하신 스완슨 목사님은 58세의 아까운 나이에 뇌암으로 이 일을 다 이루지 못하시고 돌아가셨다. 목사님의 헤세드적 사랑의 출발로 지금까지 40여 년 가까이 한국의 어린이들이 이 혜택을 입어 왔다.

6.25 동란으로 전 세계의 애정이 한국에 쏟아졌던 것처럼 이제는 우리 한국교회가 이 일에 동참해서, 받은 은혜를 돌려줄 때가 온 것 같다. 교회들이여! 먼 데로 거창한 선교를 나가기 전에 잠깐 귀 기울여 봅시다. 이 일 또한 더 없이 귀하고 아름다운 선교가 아닌가!

컴패션 건물 1층 로비 중앙에는 예수님이 어린이를 안고 계신 동상이 서 있다. 그리고 현관 입구에는 앞에서 이야기한 아기를 업은 엄마와, 엄마손을 끌고 어디론가 가자고 조르는 아이의 동상이 서 있다. 예수님이 우리를 기다리고 계신다는 것을 암시하는 이 동상의 모습은 보는 이의 가슴을 찡하게 했다. 전쟁과 굶주림과 가난을 극복할 수 있는 저곳, 바로 예수님이 계신 교회로 가는 것, 이것만이 살 길이라는 것을 이 동상은 말 없이 말해주고 있었다.

목사님은 마지막 우리와 헤어지기 전 차 안에서 이런 말을 들려 주었다. 컴패션 50주년 기념식 때에 타임캡슐을 묻었다고 한다. 한국을 상징하는 것 다섯 종류를 골라 다른 것과 함께 묻었다고 한다. 훗날 흑인, 백인 두 어린이가 함께 컴패션이 100주년이 되어 그것들을 꺼내볼 때, 그때 컴패션이 더 발전되어 있으면 축하를 받고 그냥 제자리걸음을 하고 있으면 회개할 것을 약속하고 그것을 묻었다고 한다.

나는 이 말을 들으면서 이런 생각을 했다. '오늘 50주년 기념식에 참석한 대부분의 사람들은 그때에는 거의 없겠지만 오늘의 이 약속은 그때에도 변함없이 살아있을 것이다.' 앞으로도 꿈을 잃은 어린이들에게 국제컴패션은 그리스도의 사랑을 계속 전하고 있을 것이다.
50년 후 그때에도 여전히…


## Saddleback VaLey Community Church(새들백 교회) 방문

릭 워렌(Rick Warren) 목사님이 쓰신『목적이 이끄는 삶』이라는 책은 전 세계적으로 2,700만부 이상 판매가 되었으며, 베스트셀러 순위에서 여러 차례 1위를 차지하곤 했다. 바로 그분이 세우신 새들백 교회는 캘리포니아 LA에서 남쪽으로 100마일 정도 떨어진 새들백이라는 지역인 레이크 포레스트(Lake Forest, California)에 위치하고 있다. 25년 전 릭 워렌 목사 부부가 개척하여 현재 1만 명 이상의 출석교인과 3만 명 이상의 재적교인수를 가지고 있다.

　이 교회 목회 철학을 보면 무엇보다 21세기 교회성장은 회심성장이라는 것이다.

　따라서 교회가 불신자 전도 중심의 회심 성장을 원한다면 목회자는 반드시 불신자들이 무엇을 생각하며 무엇을 원하고 있는가를 잘 알고 그들에게 맞는 목회철학과 방법을 시도해야 한다는 것이다.

　릭 워렌 목사는 1979년 사우스웨스턴 신학교를 졸업하고 그해 12월 캘리포니아에 왔다. 아내와 4개월 된 아기를 데리고 남가주 땅을 밟았다.

　릭 워렌 목사에게는 하나님의 약속을 믿는 믿음 한 가지가 그의 재산의 전부였다. 처음엔 학교 대강당을 빌려 쓰다가 그 후 아무도 살지 않는 허허벌판에 천막을 치고 하다가 교인이 늘어날 때마다 천막을 늘려가며 계속했다. 그렇게 옮기기를 50여회 정도, 드디어 오늘의 교회로 성장하게 된 것이다.

새들백 교회가 장소 이동을 하게 된 과정을 보면 처음에는 고등학교 강당, 초등학교, 은행건물, 극장, 식당, 대형 개인 주택, 사무실, 스타디움 등을 빌려 쓰다가 마침내 2005년 대지를 준비하고 2,300석의 텐트 건물을 세우게 되었다.

"교회가 건물 없이 어디까지 성장할 수 있는가?"라는 질문에 그는 "개척을 시작하여 25년간 교회건물 없이 만 명까지 성장하였으니 어디까지 성장할 수 있는지는 잘 모른다"고 대답한다. 그는 건물이 있고 없음과 건물의 크고 작음이 문제가 아니라 얼마나 사람에게 관심을 가지고 전도하는가가 문제일 뿐이라고 강조하여 말한다.

이와 같은 안내 설명을 듣고 우리는 컨퍼런스 회의장 주변을 살펴보았다. 때는 오후 4시경이다. "회복을 위한 상담 컨퍼런스"가 며칠째 진행되다가 오늘이 마지막 날, 거의 끝날 무렵이라 더욱 분주해 보였다.
많은 사람들이 참석해 본당 전체가 꽉 차고 일부는 밖에서 듣고 있었다. 교회 마당 주변에도 여러 사람이 오가고 있었다. 오전에 방문한 갈보리 채플은 교회 건물만 구경하고 나와서 좀 쓸쓸했는데, 이곳에 오니까 여기저기 사람들이 눈에 띄어 한결 교회가 살아 있다는 느낌을 받았다. '아무리 좋은 건물이라도 그 건물 안에 사람이 없다면 무슨 의미가 있을까?' 교회를 교회되게 함은 바로 사람들이다.

이 교회에서 보게 되는 사람들 역시 대부분 뚱뚱하다. 뒤뚱뒤뚱 살찐

오리처럼 걷는다. '얼마나 몸이 무거우면 저렇게 걸을까?' 참 힘들어 보였다. '건강이 무엇보다 중요하다는 것을 모를 리가 없을 텐데⋯ 왜 안 될까? 참 이상하다.' 그런 생각을 하며 어느 나무 그늘 밑에 앉아 있는데 문득 생각나는 것이 있다. '매일 치즈, 버터, 우유, 고기, 빵 등을 주식으로 하루 세 끼 먹어 댄다면 이렇게 될 수밖에 없겠구나, 어려서부터 계속 그렇게 먹고 컸으니 뚱뚱해질 수밖에, 뱃속에 겹겹이 기름이 쌓일텐데⋯' 아무튼 대략 20% 정도 빼고는 많은 사람들이 마치 살과의 전쟁을 벌이고 있는 것 같았다.

교회 주변 안팎을 보니 상당히 땅이 넓다. 교회가 본관, 어린이 교육관, 몇 개의 또 다른 예배실로 구성되어 있는데 예배실마다 개성 있는 예배를 드리기 위해 조금씩 다른 모양새를 취하고 있었다.
이들 예배실의 겉모양은 거의가 둥근 천막 모형이다. 무엇보다 어린이를 위한 교육관이 인상적이다. 어린이 시각교육을 위해 교육관 창문 언덕 위에는 3개의 나무 십자가가 세워져 있고 그 옆에는 예수님 돌무덤도 그럴듯하게 만들어 놓았다. 실물 크기와 비슷한 것 같다.
이들은 우선 땅이 넓고 자원이 넉넉하니까 하고 싶은 것이 있으면 마음껏 할 수 있겠다는 생각이 든다.

본당에는 약 2,500석 정도의 의자가 있고 예배를 인도하는 무대 양 벽면 위에는 대형 스크린이 붙어 있었다. 무대 중앙에는 대여섯 명의 찬양대원과 악기들이 준비되어 있었다. 우리 한국 교회의 찬양집회를 연상케 했다.
내가 방문한 미국 교회 예배에 있어 공통적 특징은 예배가 보통 30분

~1시간 정도 찬양으로 시작된다는 점이다. 이렇게 예배가 시작되니까 우리가 드리는 예배와는 사뭇 다른 느낌을 받았다. 마음껏 반주에 맞추어 찬양을 올려드리는 순간 영혼과 육체가 한데 어울려 전신으로 예배를 드린다는 것이 실감났다. 나도 모르게 손을 들고 눈을 감고 찬양하며, 때로는 손을 모아 간절히 기도하게 되는 그런 분위기를 접할 수 있었다. 이 느낌은 다음날 "Church on the way"(길을 찾아주는 교회) 저녁 예배에서도 동일했다.

조금 전, 단에서 말씀하시는 릭 워렌 목사님을 먼발치서 뵐 수 있었다. 인상이 참 좋았다. 좋은 할아버지 같은 평온함과 인자함이 풍겼다.

앞에서 소개한 『목적이 이끄는 삶』이란 책은, 그 책이 팔릴 때마다 교회 이름을 통했을 때에는 전액이 교회로 들어가고, 릭 워렌 개인 명의로 판매될 때에만 목사님 자신이 인세를 받는다는 것이다. 지금 타고 다니시는 자동차도 인세 받기 전 쓰던 차 그대로이고 집도 옮기지 않고 여전히 같은 집에서 사신다는 것이다. 그게 말처럼 어디 쉬운 일인가!

릭 워렌 목사님은 늘 이렇게 말씀하신다고 안내 집사님은 말한다. '자신이 유명해진 것은 오직 하나님의 은혜일뿐이라고…' 현재도 그분 수입의 95%가 질병 퇴치에 쓰여지고 있다고 전해준다. 얼마나 귀감이 되는가? 『목적이 이끄는 삶』에 재물과 명성은 그에게 결코 대단한 영향을 주지 않는다는 증거를 목사님은 삶으로 보여주고 있었다.

오늘 본 컨퍼런스도 질병을 정복하기 위해서는 교회가 이 일을 해야 한다는 취지 하에 열린 것이다. 에이즈, 알코올 중독, 마약 중독 그리고 성

(性) 중독에 걸린 환자들을 향하여 교회가 어떻게 상담 차원에서 도울 수 있을까? 바로 이 주제를 가지고 "회복을 위한 상담" 집회를 열고 있는 것이었다. 그래서 전국 각지에서 또한 해외에서, 수많은 목회자들과 관심을 가지고 있는 평신도들이 모여 며칠에 걸쳐 집회를 하고 있는 것이다.

진정 예수를 믿는다는 것은 그리스도의 삶을 살아내는 것인데… 과연 나는 무엇을 하고 있는가?…

## HARVEST Christian Fellowship Church(하베스트 교회) 방문

이 교회는 미국에서 가장 급성장하는 교회 중 하나인데, 캘리포니아 리버사이드에 소재한 교회로서 그렉 로리가 담임목사로 있다. 1970년대에 그렉 로리는, 열아홉 살에 30명이 참석하는 성경공부 모임을 인도함으로써 목회를 시작하였는데 오늘날 그 작은 모임은 무려 15,000명의 대교회로 성장하였다.

그렉 로리는 한 때 마약도 하고, 주먹도 쓰고, 가출도 하며 방황의 청소년 시절을 보냈다. 그러나 어느 날부터 예수를 믿고 갈보리 채플의 척 스미스 목사에게서 성경공부를 하게 되었다.
이 과정에서 다음과 같은 일화가 전해진다. "당시 성경공부 교재들이 젊은이들의 문화와 언어에 그리 잘 맞지 않는다는 것을 그렉 로리는 발견했다. 그래서 본인 자신이 스미스 목사의 요한복음 4장 설교 말씀을 주제로 해서, 만화가 그려진 쉽고 재미있는 교재를 만들었다. 제목은 '생수

(Living Water)'였다. 이 젊은이는 이것을 들고 척 스미스 목사에게 가지고 갔다. 스미스 목사는 심각하게 그것을 들여다 보더니 "이거 대량으로 찍어야겠군" 하시는 것이었다. 그 말을 들은 그렉 로리는 다만 입이 쩍 벌어질 수밖에 없었다. 그렇게 해서 출판된 "생수" 전도책자는 그 주에만 1만부가 넘게 팔려 나갔고, 결국은 남가주 전역에 2백만 부가 넘게 팔렸다. 스미스 목사는 그렉 로리의 탁월한 가치를 발견하고 엄청난 사역의 장을 그에게 열어 준 것이다."

"오늘날 그렉 로리의 하베스트 펠로우쉽 교회는 척 스미스의 갈보리 채

풀보다 5~6배는 더 크게 성장했다. 또한 그렉 로리와 비슷한 경로를 거쳐 척 스미스 밑에서 성장한 마이크 매킨토시도 캘리포니아에서 척 스미스 목사의 본 교회보다 더 큰 규모의 교회를 성공적으로 목회하고 있다. 그러나 이것을 보는 그 누구도 그들과 비교해서 척 스미스가 못하다고 말하지 않는다. 그것은 오늘날 그들이 있을 수 있던 까닭은 척 스미스의 그 넓은 포용력과 다음 세대를 세워 주는 마음 때문임을 알기 때문이다. 지금도 그렉 로리나 마이크 매킨토시 같은 목사들이 척 스미스 목사를 언급할 때면, 진심으로 존경하는 스승이요, 아버지요, 성자 같은 존재로 이야기한다."

하베스트 교회에 대해 소개를 받은 후 일행은 교회 본당에 들어가 예배에 참석했다. 본당 전면에는 대형 스크린이 3개 설치되어 있었고 무대 전면에 피아노, 기타 등 여러 악기가 배치되어 있었다.

예배 순서는 먼저 다 함께 찬양을 30분 정도 부르고 광고 및 헌금 순서가 있은 다음 다시 찬양대원(8명)의 찬양이 울려 퍼지고 회중이 이어서 일어나 모두 찬양을 부르는 것이었다.

말씀은 이사야 45장 전장을 다루었다. 설교자는 원고를 밑에 두고 열정적으로 청중을 보면서 말씀을 전했다. 말씀은 몇 절씩 끊어 강해식으로 이어졌으며 설교 도중 전면에 스크린이 뜨기도 했다. 태양, 행성, 지구, 주위의 여러 위성 그리고 수많은 별들이 보이고 행성이 태양을 중심으로 돌면서 천체(天體)들이 떠 있는 우주공간이 보여졌다. 우주의 신비를 실감나게 표현했다. 하나님이 지으신 이 우주의 신묘막측함을 보여주는 장면이 박진감 넘치는 음악과 함께 3분 정도 영상으로 펼쳐졌다. 다시 화면

이 닫히고 설교자는 설교를 계속했다. 설교 억양이 다이나믹하면서 주위 사람들을 이따금 웃기도 했다.

오늘 예배에 참석하면서 난 다른 어느때보다도 하나님 창조의 위력을 가슴깊이 느끼는 순간을 맞이했다.

인간은 하나님의 창조물 중 가장 특별하고 위대한 피조물이라는 것이다. 말씀을 듣고 있는 내가 바로 그런 존재이다. 그가 창조한 단 하나의 "나"이다. 그런 내가 하나님 앞에 죄를 지어, 버림받을 수밖에 없는 존재가 되어 버렸다. 그러나 하나님의 특별한 사랑으로, 십자가 위의 예수 그리스도를 통해 그분은 나를 구원해 주셨다.

영상화면 위에 쓰여진 한 구절.
"The Foundation of Creation is Salvation."
다시 주님이 십자가에서 주시는 말씀.
"I Love You."

- 나의 기도 -

"영원부터 영원까지 동일하신 하나님
당신의 그 창조의 위대함을 찬양합니다.
창조의 신비, 이 우주의 신비, 그 신비 앞에서
오늘 이 아침 나는 당신 앞에 머리를 숙일수 밖에 없습니다.
오, 하나님!

십자가 위해서 나를 구원해 주시고
영원토록 나를 책임지신다는 당신 앞에
눈물로 드립니다.
감사의 고백을… 아멘!"


## Mosaic Church(모자이크 교회) 예배

교회 이름이 '모자이크'로 붙여진 것은, 우리 각자는 하나님 안에서 조각조각 부서진 존재이지만 가장 위대한 예술가인 하나님의 손으로 하나가 될 때, 아름다운 공동체를 이룬다는 의미에서 지어진 이름이라고 한다.

이 교회 담임 목사 어윈 라파엘 맥머너스는 문화, 변화, 창의성 그리고 리더십에 관하여 전국적이고 국제적인 전략가이자 강연자로서, 베델 신학교에서 강사와 미래학자로 활동하고 있다.

그의 목회 철학은 '예수 그리스도의 심장을 가지고 나아 가십시오. 단순하고 야만적인 믿음을 가지고 예수 그리스도를 위한 모험적 인생을 사십시오."를 내세우고 있다.

맥머너스 목사는 교회는 더이상 격리된 문화권이 되어서는 안 되며 하나님이 선한 목적으로 창조한 이 세상을 리드해야 한다면서 교회는 세상을 섬기고 세상을 위해 살아야 한다고 강조했다.

기존의 소위 '현대적인(contemporary)' 교회들은 목회자 개인의 비전을 일방적으로 선포하고 주입시키는 모습을 보여 왔다. 그러나 모자이크 교회의 경우, 이러한 방식을 따르지 아니하고 개개인이 자유롭게 자신의 비전을 발견하고, 그 비전을 창의적으로 실현시킬 수 있도록 격려하는 방식을 채택하고 있었다.

교인 평균 연령은 25세이며 50여 민족이 출석하는 다민족 교회이다. 교인의 80% 정도가 독신인 점도 특이했다. 특히 하나님을 믿지 않았던 사람들을 교회로 인도하고 싶어 하는 사람들에게 아주 긍정적인 변화의 방향을 제공함으로써, 예배와 설교부분에 있어 불신자들이 적응하는데 적합한 형태로 디자인 되어 있었다.

'모자이크 교회'라고 해서 찾아간 순간 우리 모두는 어리둥절했다. 교회를 잘못 찾아 온 줄 알았다. 교회 건물이 없었기 때문이다. 아무리 둘러보아도 '교회' 건물은 안 보이고 어두컴컴한 어느 바(Bar)앞에 와 있었기 때문이다. 그런데 알고 보니 이것이 '모자이크 교회'로서 이들은 주일에 이곳을 빌려 예배를 드린다는 것이다.

예배가 시작되기 1시간 전 쯤 우리는 일본 태생인 한 스탭을 만나 그를 통하여 이 교회에 대해 소개를 받았다. 소개하는 30대 중반쯤 되어 보이는 이 젊은이는 질문도 받고 대답도 해주면서 복음을 전하고 싶은 열정으로 지치지도 않고 설명에 열중했다. 내게는 이 교회에 대한 소개 내용보다 그 젊은이의 얼굴 표정이 더욱 짙게 남는다.

얼굴에는 만면에 웃음이 가득하다. 그 마음에 기쁨이 넘쳐 주체를 못하는 표정이다. 성령님께 완전히 사로잡힌 표정이다. 자신은 복음을 위해서는 어떤 방법을 동원해서라도 전하고 싶고 또 전해야 된다는 사명감을 가지고 있다는 것이다.

나는 스스로에게 다시 한번 물어본다. '나에게도 복음에 대한 그와 같은 열정이 있는 것인가?' '어떤 장애물을 극복하고라도 복음을 전하려는 마음이 정말 내 안에 있는가?'

예배 현장안으로 들어 설 때이다.

예배가 시작되기 10분 전, 흑인과 백인 젊은이들이 한데 어울려 로비와 계단에서 삼삼오오 대화를 나누며 사뭇 기뻐하고 있다. 1층 홀 안에 들어서니까 이건 요지경 속 같다. 조명이 번쩍번쩍하고, 요란한 음악에 맞추어 젊은이들이 의자에서 일어나 박수를 치며 몸을 흔들고 있다. 나는 한동안 정신이 멍해서 우두커니 서 있었다. 밴드 연주 소리가 귀청을 사정없이 때리기 때문이었다. 그러나 이런 곳을 통하여서라도 복음을 증거 하려고 애쓰는 이들을 보면서 '젊음은 무엇이라도 시도해 볼 수 있구나' 하는 생각을 가졌다.

찬양 형태는 다른 교회들과 크게 다를 것이 없었다. 다만 좀 더 과격할 뿐이다. 내 생전 처음 드려보는 "Bar"에서의 예배이다.

이들이 다함께 악기 연주에 맞추어 찬양을 부를 때에는 마치 야생마가 들판을 누비며 포효하는 소리를 내, 장내 공기가 파도를 타고 출렁대고 있었다. 몸도 흔들리고 공간도 흔들리고, '왜 이렇게 큰 소리로 굉음을 내듯 폭발적인 동작을 자아낼까?'…

벽면에 붙어 있는 조각상이 저승사자 같은 모양을 하고 있다. 대형 스크린의 화면은 쉴 사이 없이 뱅뱅 돈다. 불빛도 덩달아 밝아졌다, 어두워졌다 춤을 추고 있다. 그런데 예배 참석자는 일체히 서서 똑같이 손뼉을 치며 아무렇지도 않은 양 찬양을 한다. 확실히 세대 차이를 느꼈다.

어떤 방법으로든 여기 온 젊은이들 가슴 속에 예수 그리스도가 심겨진다면 무슨 상관이 있으랴. '주님 마음껏 이들의 외침과 찬양을 받으시고 이 예배 가운데 임재하사 영광을 받으시옵소서!'

찬양이 끝나자 장내는 갑자기 조용해진다. 그리고는 영상화면이 잠시 나오다가 곧이어 설교로 이어졌다. 설교자는 다리가 긴 높은 의자에 걸터앉아 말씀을 전하기 시작한다. 성경공부하듯 한절, 한절 말씀을 풀어간다. 졸고 있는 젊은이가 거의 없다. 도중에는 자연스럽게 앉았다 섰다 하면서 회중을 열심히 보고 설교한다.

예배가 '축도' 없이 끝났다. 예배 후 모두들 제각기 자기가 앉았던 의자를 접어 지하 계단으로 가지고 내려간다. 장내는 다시금 원래의 바(Bar)

모습으로 되돌아 오는 것이었다.

교회문턱을 넘어 밖에 나오니 벌써 어둠이 짙게 깔려 네온사인 불빛이 밤거리를 비치기 시작한다. 뒤를 보니 젊은이들은 예배 후 또다시 그룹으로 모여서 대화하고 웃고 행복해 했다.

참으로 이색적인 예배에 참석한 기분이다. 모자이크 교회만이 줄 수 있는 독특한 이미지를 안고 우리는 기다리고 있는 버스에 올랐다.

'쿵쿵', '쾅쾅쾅…' 지금도 귓가에 여전히 연주소리가 들려오는 것만 같다.

# 신의 계곡을
# 찾아서

## 그랜드캐년을 향하여 가다

　　교회 탐방 공식 일정을 마치고 오늘 아침 우리는 그 유명한 계곡 '그랜드캐년'을 보기 위해 장장 6시간의 여정길에 올랐다. 산 너머 맞은편에서 아침 해가 막 떠오르며 우리를 반기는 듯하다. 새롭게 한 날을 여시는 하나님의 무한한 자비의 손길, 빛으로 하루를 빛으시는 하나님의 창조의 손길을 새롭게 맞이하는 기분이다.
　　주님을 생각하며 잠시 버스 속에서 묵상의 시간을 가졌다.

　　"주여! 인생의 여정길에, 매일의 일상에서 벗어나 이렇게 색다른 경험을 하게 해 주시는 주님으로 인하여 먼저 감사를 드립니다. 누구에게나 주어지는 기회가 아닌 줄 압니다. 이번 여행을 통해서 더욱 더 주님의 손길을 체험하게 됩니다.
　　주님! 차창 밖으로 보이는 저 무한히 펼쳐진 황량한 벌판, 제대로 크지도 못하고 겨우 형태만 남아 있는 잡목들의 행렬, 그 뒤로 이어지는 끝없는 사막… 또 사막, 이 가운데도 주님은 임재하고 계심을 믿게 됩니다. 태고의 숨결을 끌어안고 사람과 벗하지 못하는 자연 홀로의 모습이 외로움을 넘어 의연하게 보여집니다.

하나님! 하늘과 땅이 맞닿은 지평선 저 너머 계신 주님은 이 넓은 대지를 감싸 안듯 품에 안고 계십니다. 그러나 겉으로 보이는 이 땅은 너무 메말라 보입니다.

주님! 인생길도 살다보면 이렇게 건조할 때가 있는 것 같습니다. 보이는 것도 없고 들리는 것도 없이 그저 그런 날들이 오고 또 올 때가 있습니다. 그럴땐 막 숨이 막힐 것만 같았습니다. 그러나 주님! 지나고 보니 주님은 그때에도 저와 함께 계셨음을 이제 알고 고백합니다."

## Calico(칼리코) 광산촌 방문

그랜드캐년을 향해 가다가 우리는 "Calico"라는 옛 광산촌에 잠시 들렀다.

"Calico"란 말의 어원은 "스카트"라는 말에서 유래되었다고 하는데, 100여 년 전 이 곳 광산에서 일하는 노등자들의 입에서 나온 말이라고 한다. '아마도 스커트 입은 여자가 그리워서 이들이 붙인 이름이 아닐까?' 그런 생각을 혼자 해 본다.

Calico는 산 전체가 온통 붉은 돌산이다. 한여름에는 섭씨 40도가 넘는 곳이라 선글라스와 모자 없이는 걸음을 뗄 수가 없을 정도로 더운 곳이다. 뜨거운 열기가 올라와 온몸을 감싸는 듯해 흡사 불가마 속에 들어온 것 같다.

100여 년 전 금광을 찾아 서부로, 서부로 달려온 미국인들의 이민사를 보는 것 같아 연민의 정마저 들었다. 오직 황금을 찾아 무작정 이곳까지 달려왔을 이들을 머리속에 그려보니 산다는 것에 대해 또 다른 의미를 생각하게 된다.

광산 입구에는 팔순쯤 되어 보이는 머리가 하얀 할머니가 수예품을 팔고 계셨다. 재봉틀을 놓고 직접 바느질을 하고 계셨다. 그곳에서 바늘쌈 2개를 8불에 샀다. 할머니 눈가에 웃음이 어렸다. 아무리 둘러보아도 보이는 것은 산, 또 산, 검붉은 돌산뿐이다. 이런 곳에서 매일매일 땅속에 들어가 일을 한다고 상상해보라. 참으로 살기 위한 무서운 투쟁의 연속 아니겠는가!

세월이 바뀌어 이 Calico(칼리코)도 이제는 광부들이 다 떠나가 폐광이 되었다. 그래서 그 정취를 남겨두기 위해 이곳을 관광지로 꾸몄다고 한다. 어느 까페 앞에서는 한 할아버지가 낡은 피아노를 연주하고 있었다. 할아버지를 보는 순간 유럽 어느 길가의 한 어코디온 악사가 연상되었다. 피아노 소리가 돌산 벽에 부딪쳐 왠지 광야의 허허로움을 더욱 자아내는 듯했다. 애써 관광객을 유치하려는 듯…할아버지의 건반 누르는 소리가 힘없이 들려왔다.

　단막극 한 편을 보듯 Calico 광산촌을 둘러보고 나왔다.

버스는 다시 우리를 태우고 광야 횡단을 계속했다. 차내에서는 컨트리 송이 조용히 울려 퍼졌다.

한낮의 오수(午睡) 속으로 모두가 깊이 빠져 들어갔다. 피곤함과 졸리움이 한꺼번에 몰아 오는 지루한 여정의 한나절이었다.

그랜드캐년을 향해 가는 길은 평평한 사막과는 달랐다. 울퉁불퉁한 산맥들이 줄지어 병풍처럼 둘러져 있다. 산세가 여러 모양의 바위들의 집결장 같다. 작은 바위, 큰 바위 그 사이사이로 선인장들이 목마른 듯 목을 빼고 듬성듬성 서 있다. 때로는 누렇게 퇴색된 선인장도 있고 다른 잡목들도 산 언덕에 즐비하게 펼쳐져 있다.

첩첩이 둘러 있는 산, 그 사이로 한 줄기 뻗어 있는 산길을 굽이굽이 돌아 버스는 숨을 헉헉대며 산허리를 오르고 있다. 산속을 한참 달리고 있노라니 높은 바위산이 눈앞에 확 다가온다. 풀 한 포기 없는 돌산이, 마치 덮칠 듯 내게 달려든다. 버스는 여전히 높은 언덕 위를 계속 오르고 있다. 귀가 이따금 멍해진다. 기암괴석이 점점 그 오묘한 자태를 보이기 시작한다.

'이 지구상에 이런 바위들만 모여 있는 곳도 있다니…' 입안에서 절로 탄성이 나왔다. '몇천 몇만 년 동안 버티고 있었을까? 아마도 내가 간 후에도 이들은 이 모습 그대로 영원 속에서 침묵을 지키고 있겠지…'

아! 어디만큼 왔을까? 이곳부터는 전신주가 보이기 시작한다. 저 멀리 푸른 풀밭도 눈에 들어온다. 사람이 살고있는 곳인가 보다. 예전에 미국 서부영화를 보았던 장면들이 실제로 내 눈앞에 나타나고 있는 듯하다. 굽이굽이 넘실대듯 이어진 끝없는 산등성이들, 외길 따라 달리는 조그만

차들, 유유히 떠가는 구름들, 한없이 펼쳐진 넓은 벌판 등을 보면서 다시금 조용한 기도가 내 가슴속에서 우러나온다.

"주님, 이 모두는 당신이 만드신 작품들입니다. 인간은 다만 그 안에 한 줌 흙으로 자리잡고 숨쉬고 있을 뿐입니다. 그러나 당신의 솜씨를 찬양하고 경배드리는 존재 역시 바로 그 작은 인간들입니다. 주여! 이 모든 창조물을 통하여 홀로 영광 받으시옵소서."

## 그랜드캐년에 도착해서

우리는 몇 시간의 긴 버스여행 끝에 마침내 그랜드캐년 입구에 도착했다. 세계 7대 불가사의 중의 하나인 그랜드캐년은 자연의 위대함과 신비로움을 고스란히 간직 한 채, 4억년이 넘는 세월동안 콜로라도 강의 급류가 만들어낸 대협곡이다. 그 길이가 대략 450km에 달한다고 한다. 서울에서 부산까지의 거리가 계곡이라고 짐작해 보라. 그 크기가 어떨 것 같은가? 이 계곡은 미 대륙의 광활함을 또 한 번 과시하고 있었다.

많은 사람들이 계곡에 오르기 위해 서성이고 있었고 일부는 공원길 오르듯이 행보를 시작하기도 했다. 우리는 두 팀으로 나뉘어 먼저 한 팀은 헬리콥터 비행기로 전경을 구경하고, 다른 한 팀은 그랜드캐년 아이맥스 영화를 보기로 했다. 그리고 나서 다시 합쳐져 계곡을 향해 오르기로 했다. 나는 영화를 보는 쪽을 택했다. 그런데 그랜드캐년에 대한 입체적 모양을 먼저 영화로 다 보고 나니, 실제 계곡을 보려고 오르고 있을 때는 오히려 감흥이 덜했다. 하지만 계단 꼭대기, 계곡이 한눈에 보이는 정상에 이르러서는 거의 현기증을 느낄 정도로 그 장관에 압도되어 버렸다.

그래서 그만 계단에 주저앉고 말았다. 어느 목사님이 내 손을 잡아주어 겨우 정상까지 오를 수 있었다.

계곡 주위 및 난간 밑을 목을 빼고 들여다 보니 문득 온몸에 소름이 돋으며 두려움이 엄습했다. 자연의 위력 앞에 인간이 엎드릴 수밖에 없음을 실감하는 순간이었다. 붉고 누런 계곡의 단층들, 우뚝 솟은 바위, 그 단층들이 수많은 면적을 차지하며 연속적으로 붙어 있다고 상상해보라. 마치 물 없는 바다 속이 한꺼번에 지상으로 돌출되어 그 위력을 자랑하는 것 같았다.

역시 자연은 신의 교과서이다. 이런 자연을 만드신 그분! 우리는 그분을 "하나님"이라 칭하며 온 마음을 다해 경배하는 것이다. 찬송가 40장(새 찬송가 79장) 가사는 그냥 지어진 가사가 아니다. 나는 계곡 언저리를 두루 바라보고 내려다보면서 몇번이고 "주 하나님 지으신 모든 세계 내 마음속에 그리어 보니…" 이 찬송을 읊조렸다. 비록 작은 목소리였지만 내가 부르는 찬양이 계곡 저 멀리, 깊고 깊게 울려 퍼지고 있는 것만 같았다.

"오! 하나님 아버지!

무구한 세월 속에서 형성된 그랜드캐넌은 장구한 지구의 역사를 그대로 보여주면서 앞으로도 오고 오는 수많은 사람에게 하나님 당신이 누구신가를 말해주고 있을 것입니다."

3부
빛의 여운

## 초록 창가

하늘이 좀 찌푸렸다. 봉고차에 몸을 싣고 우리 일행은 원주를 향해 달렸다. 들판은 벼이삭이 채 영글기 전이라 머리를 꼿꼿이 세우고 있었고 허수아비가 간간이 반갑게 손짓하며 쳐다보고 있었다. 교도소 정문까지 사루비아가 붉다 못해 검붉게 타오르며 길옆으로 한없이 줄지어 서 있었다.

내 키보다 몇 배 더 높이 올라간 회색 담과 육중한 자물쇠로 잠겨진 문! 그 문을 통과해 우리는 담 안으로 들어섰다. 나는 어느 대학 교정에 들어선 듯한 느낌을 받았다. 맨드라미, 금잔화, 코스모스… 교도소 뜰 안은 온통 꽃으로 뒤덮여 있었다. 박 넝쿨 아래로는 탁자며 의자가 몇 개 놓여 있었다. 넝쿨 사이로 주렁주렁 달린 박은 이제 그 잎새는 말랐지만 열매가 크고 탐스럽게 자라고 있었다.

커다란 강당에 들어섰다. 여자 죄수들 몇십 명이 모두 한자리에 푸른 죄수복을 입고 앉아 있었다. 풀려날 그 날을 고대하면서 기다림에 지친 표정들… '젊음의 나이가 서러울 텐데, 10년, 15년, 그 긴긴 세월을 이곳 감방에서 보낼 수 밖에 없도록 무슨 큰 죄를 지었을까?…'

'타다 남은 죄의 잔재를 뒤돌아보며 얼마나 회한의 시간을 보내고 있을까?'

'담 밖의 우리와 어느모로 보나 똑같다. 맑은 눈하며 하얀 피부, 같은 음성, 그렇다면 무엇이 달라 이들은 이곳에 있어야 하는가?' 나는 혼자 상념에 젖어 이 생각 저 생각을 해보았다. 죄는 미워하되 죄인은 미워하지 말라고 하신 주님의 말씀이 떠올랐다.

  강사로 모시고 간 어느 권사님의 "내가 겪은 지옥"의 간증시간이 한시간 가량 있었다. 이어서 옆 사람과 가벼운 인사를 나누고 삼삼오오 대화시간을 가졌다. 그런데 조금 전 옆 사람과 인사를 나눌 때 앞줄에서, 나와 대각선 방향으로 앉아 있는 어느 젊은 여인과 눈이 마주쳤다. 그래서 나는 그녀 곁으로 다가갔다. 그리고 둘이 손을 잡고 체온을 나누며 이야기를 나누기 시작했다.

그녀가 들려준 사연인즉, "저는 ○○ 대학 가정학과를 나왔어요. 애기는 세 살이고요. 애기아빠는 약사였어요. 그런데 어느 날 남편이 약방을 비운 사이 제가 친구 약을 조제해 준 것이 그만 잘못되어 하마터면 친구가 목숨을 잃을 뻔했어요. 다행히 친구는 살아났지만, 그쪽에서는 제가 고의적으로, 그 가정을 파괴할 목적으로 그렇게 했다는 것이었어요. 제가 살인하려는 의도가 있었다는 거예요. 그리고는 저를 고소해 버렸어요. 결국 그 일로 여기까지 오게 되었지요."

"아빠는? 애기는?" 그 뒷이야기는 더 들을 수가 없었다. 말끝을 맺지 못하고 울음을 터뜨렸다. 나도 그녀를 끌어안고 같이 울고 말았다. 얼마의 시간이 흐른 뒤 물었다.

"예수님 믿으세요?"
"대학 때 조금 다녀보고 지금은 나가지 않아요." 그래서 말씀을 가지고 이야기를 시작했다.

"애기엄마를 하나님은 특별히 사랑하시는 것 같아요. 아마도 하나님께서는 이 기간을 통해 애기엄마의 영의 눈을 뜨게 해서 하나님을 깊이 만날 수 있게 해 주시려는 것 같아요. 그러니까 지금의 이 시간은 너무 힘들고 아프겠지만 결코 억울한 시간만은 아닐 거예요."

"하나님께서는 로마서 8장 28절을 통해 이런 말씀을 하셨어요. '하나님을 사랑하는 자 곧 그 뜻대로 부르심을 입은 자들에게는 모든 것이 합력하여 선을 이루느니라' 라고요. 지금은 이 말씀이 무슨 말씀인지 잘 모르겠지만 언젠가는 예수님을 만나고 나면 알게 될 거예요." 이어서 누가 복음 5장 16절~24절을 가지고 말씀을 전하기 시작했다.

"우리는 죄를 꼭 어떤 행위적인 측면에서 해석하려고 하는 경향이 있는데 실은 죄란 우리 심령 저 밑바닥으로부터 정말 예수님을 나의 주인으로 모시고 있는가, 아닌가 거기서부터 출발해야 한다고 봅니다. 그것만큼 본질적인 문제는 없기 때문이지요."

"죄란 하나님을 등지고 사는 그 자체가 죄인 것입니다. 우리가 하나님과 얼마만큼의 각도라도 빗나가 있다면 하나님은 기어이 그것을 바른 방향으로 되돌려 놓으시기 위해 작업하시는 분입니다. 그 빗나가는 부분이란 바로 하나님이 계실 자리에 다른 무엇이 들어있기 때문이지요."

"오늘 본문에는 중풍병자가 나옵니다. 이 중풍병자는 오늘날 주님을 모르고 어둠속에 있는 모든 이들의 영적 상태를 말해주고 있는 한 상징적인 인물이 될 수 있습니다. 아마도 하나님을 안다고 하면서도 여전히 자기 자신이 주인이 되어 살아가는 바로 그런 사람들의 심령상태를 말해주고 있다고 하겠습니다."

"본문에서 이 중풍병자는 들것에 들려 예수님 앞에 나아옵니다. 비로소 빛 앞에 나아옵니다. 결국은 하나님의 간섭하심, 그의 인도하심이 따르지 않으면 우리는 아무리 길을 찾아가도 어둠 속에서 헤매는 사람밖에 되지 않습니다. 어두움은 혼돈 그 자체이지요. 그러나 빛 앞에서는 모든 것이 질서를 찾습니다. 다시 말해 하나님의 은혜 가운데, 빛 가운데라야 진정한 지혜를 얻게 되고 그 지혜 속에서 삶의 문제가 해결된다는 것이지요."

"예수님은 그 병자를 내려다보실 때 아마도 그의 눈빛을 보셨을 것입니다. 그가 예수님으로부터 사죄의 선언을 듣는 순간 그의 마음이 어떠했을 것 같습니까?

상상해 보셨습니까? 아마도 그의 영혼은 전율을 일으켰을 것입니다. 마치 막힌 하수구가 뚫리듯, 청각장애인의 귀가 열리는듯한 느낌을 받았을 것입니다.

그 순간 마비되었던 팔다리에는 피가 통했을 것이고 그의 영혼의 날개는 자유함의 날갯짓을 쳤을 것입니다. 그의 영혼을 담고 있는 육체도 함께 요동하지 않았을까요? 그것이 믿음의 위력 아니겠습니까? 바로 이 순간 이 중풍병자는 병 고침도 받았으리라 봅니다."

그녀는 내가 말씀을 전할 때 열심히 귀를 기울여 듣고 있었다. "죄에서 벗어나 자유케 되는 일, 그 일을 하실 분은 오직 예수님 한분 뿐이십니다. 그래서 우리는 예수 그리스도 앞에 나아가야 하고 그분께 자비를 구할수 밖에 없습니다. 예수님은 그때 우리에게 찾아와 주십니다. 그리고 우리에게 신호를 보내십니다. 죄를 깨닫게 하시는 흔들음, 그것의 대표적인 현상이 바로 '고난'이라는 것이지요. 고난 그 자체는 결코 환영할 만한 것이 아니지만, 그러나 하나님은 선한 목적으로 그 고난을 사용하시기도 한답니다. 고난은 죄인이 죄를 뉘우칠 수 있는, 주님 보시기에는 가장 효과적인 통로일 수도 있기 때문이지요."

어쩜, 아니 내가 초가을 원주 교도소를 찾아갔던 것은 한 여인, 그 젊은 엄마를 만나기 위한 하나님의 보냄의 시간인지도 모른다. 아니 '어쩜'이 아니고 그분이 나를 보내신걸로 믿는다. 그러기에 두 사람의 눈이 마주칠 수 있었고, 같이 손을 잡고 생명의 복음을 전했으며, 그녀의 중풍병 걸린 심령을 말씀이 두드렸을 것으로 본다.

고난, 그것은 반역한 영혼의 요새 속에 진리의 깃발을 꽂음으로써 가려진 장막을 제거하는 수단이 될 수 있다.
그 과정을 통과하면서 하나님은 결국 중풍병자를 그 병에서 일으켜 세우셨듯이, 주님은 오늘도 우리 삶의 절박한 문제들이 고난을 통과하면서 그 분 안에서 마침내 해결 받게 되는 것을 우리로 하여금 믿음의 눈으로 보게 하시기도 한다.

난 믿고 싶다. 젊은 애기 엄마의 내부에서 지붕이 뚫려지고 침상이 내려오는 극적변화가 일어난 것을. 처음 만나 자신의 사연을 말하다가 통곡하던 것과는 또 다른 통곡을 내게 보여주었기 때문이다. 그녀는 헤어질 때 입가에 웃음을 머금으며 내 손을 잡고는 놓지 않으려 하면서 울고 또 울고 있었다. 문득 초록 나무창가를 내다보는데 때 아닌 무지개가 떠올랐다. 어쩐일인가! 참 이상한 현상이었다.

교도소 문을 뒤로 하고 집으로 돌아왔을 때 마음속으로 기원했다.
"하나님 그 여인을 불쌍히 여기시고 구원해 주세요. 새 생명의 빛을 비춰 주세요!"
아멘.

# 양화진 묘소

초여름 가랑비가 조금씩 뿌리더니 낮에는 제법 소나기가 되어 내려붓기 시작했다. 학교식당에서 점심식사를 마치고 일행 세 명은 "양화진"을 견학하기로 마음먹고 전철을 탔다. 장신대 입구 정문에서 출발하여 1시간쯤 지나 합정역에 내렸다. 그곳에서 양화진 묘소까지는 20분 정도 걸어야 했다.

빗줄기가 멈추고 햇볕까지 들어서 비에 씻긴 외국인 선교사 묘지 주변 나뭇잎들은 한결 싱그럽게 보였다. 묘지 샛길 사이에 풀잎들이 촉촉이 젖

어있고 사람이 거의 눈에 띄지 않았다. 역시 무덤가라 시내 한 복판인데도 적막이 감돌고 있었다.

언덕을 타고 올라가면서 입구에 세워진 안내판을 읽어 보았다. 그곳에 적혀있는 내용 가운데는 아픈 어휘들이 구절구절 눈에 띄었다. 묘지에는 선교사들뿐만 아니라 그들 자녀들도 어린 나이에 죽게 되어 이곳에 함께 묻혀 있었다.

300여 구 가까이 묻혀서 어언간 백여 년의 세월을 보내면서 무덤가의 비문은 많이 퇴색해 가고 있었다.

안내판 좌측에는 200여 년 전 이 땅에 천주교가 들어온 이래 팔천여 명 이상의 우리 조상들이 이곳 절두산에서 목이 잘려 강물에 던져졌다고 적혀 있었다.

100여년 전 지구상 동쪽 끝, 세계 지도상으로는 작은 한 조각에 불과한, 이름도 알려지지 않은 한국 땅에 와서 다만 하나님의 복음을 전하기 위해 선교에 힘쓰다가, 조국으로 돌아가지도 못하고 이 나라에 뼈를 묻은 선교사들을 생각할 때 마음속에 여러 가지 상념이 교차 되었다.

나는 이들 무덤가에 서서 비문을 읽으며 잠시 침묵에 젖었다. '복음이 무엇이길래 수억만리 이국땅에 와서 이를 증거하다가 생을 마치고 여기에 말없이 잠들어 있는가?…'

아펜셀러의 비문을 읽다가는 또 한번 놀랐다. 그가 목포 앞 바다에서 한 소녀를 구출하려다가 물에 익사해서 순교한 것으로 나와 있었다. 그의 마지막은 한 소녀를 위해 목숨을 내어 줌으로써 선교사의 임무를 마감한 것이다.

이화학당을 설립한 스크랜튼 부인의 묘소엔 유난히 꽃바구니가 많이 놓여 있었다. '이화동산'의 후배들이 그녀의 정신을 기리며, 그녀를 추모하고 왔다간 흔적으로 남아 있는 것 같았다.

유유히 흐르는 한강을 내려다보며 언덕에 자리 잡은 선교사 묘소는 사계절의 변화를 수 없이 넘기면서 믿음의 후손들에게 무언의 교훈을 남겨주고 있었다.

묘지 방문을 마치고 공원 안에 있는 외국인 교회 안에 들어갔다. 성경·찬송이 의자 앞 쪽에 가지런히 놓여 있고 우리네 교회와 대동소이한데 한 가지 눈에 띈 것은 예배당 앞쪽이었다. 거기에는 커다란 강대상이 없었다. 찬양대 지휘대와 같은 작은 지휘대가 하나 놓여 있을 뿐. 설명을 들어보니 설교자와 교인과의 거리감을 줄이고 설교자는 다만 말씀을 증거하는 자로서 동등하게 교인과 같은 자격으로 그 자리에 선다는 의미가 담겨져 있었다.

이어서 절두산 천주교 교회를 방문했다. 예배당 안 벽면에 여러 부조(조각물)가 부착되어 있을 뿐만 아니라 기독교 예배당과 분위기가 사뭇 달랐다.

순교자 기념관에는 성인들의 유품과 사진, 그림들이 전시되어 있어서 한국 천주교 역사를 한 눈에 보는 듯했다. 의상, 신발, 묵주, 선물 등 여러 가지 유품이 놓여 있었는데 교황 요한 바오로 2세가 한국에 왔을 때 앉았던 의자 및 노기남 대주교가 앉았던 의자는 따로 유리벽을 단들어 전시해 놓았다.

유품 전시장에 걸려있던 한 그림은 지금도 모습이 눈에 선하다. 그 그림은 절두산 꼭대기에서 수많은 신자들이 병졸들에게 끌려가 산꼭대기에서 피투성이가 된 채 한꺼번에 떼밀려 강물로 떨어지는 장면이었다. 절벽 밑의 강물은 핏빛으로 붉게 물들어 시체가 둥둥 떠내려가고 있었다. 이토록 엄청난 희생을 치루며 조상들이 흘린 피의 대가로 오늘의 천주교, 기독교가 이 땅에 뿌리를 내린 것을 생각해 볼 때 '오늘 우리는 어떻게 이 생명의 복음을 후손들에게 물려줄 것인가?…'

일행은 바람이 세게 불기 시작하는 숲 사이를 헤집고 시내로 들어섰다. 수많은 인파와 자동차 경적소리에 다시금 세상으로 돌아온 기분이었다.
'하나님의 세계는 과거와 현재와 미래가 한 선상에 있다. 그렇다면 과연 나는 천국을 소망하며 죽음을 넘어선 그 세계를 제대로 바라보며 가고 있는지…'
문득 삶과 죽음의 거리가 그리 멀리 않다는 생각이 든다.

# 엽전 두 닢

6월 둘째 주

구역예배 공과공부가 끝나고 헌금순서가 되었다. 한 구역원이 따로 흰 봉투를 내어 놓았다. 콩투 뒤에는 "만원"이라고 적혀 있었다.

"구역장님 이 돈은 제가 폐품을 모아 팔아서 마련한 것이니 「사랑의 손길」 모금함에 넣어 주세요."

"약소하지만 받아주세요." 구역식구 모두는 잠시 말이 없었다.

그것은 방 한 칸에 네 식구가 비좁게 지내고 있는 그녀의 형편을 잘 알고 있기 때문이었다. 초등학교 2,4학년 아이 둘을 데리고, 아빠는 노동일로 생계를 책임지고, 엄마는 낮이면 동회에서 알선하는 잔디 깎는 일로 낮시간을 종일 볕에서 보내고 오후 4시가 넘어야 집에 돌아온다. 게다가 매달 10만원씩 70회 이상 주택부금을 넣고 있지만 아직도 내 집 마련을 못한 딱한 사정에 놓여 있었다.

많은 사람들이 아파트 투기를 일삼고 있는 요즈음 꼬박꼬박 일터에서 모은 10만원씩의 피땀 어린 돈이 70회가 쌓여지도록 아직껏 그녀에겐 따뜻한 내 집 차례가 주어지지 않은 것이다. 그런 그녀가 리어카를 끌고 이집 저 집 찾아다니며 폐품을 모을 때, 먼지 묻은 머리카락이며 이마에 쏟은 땀방울을 누가 알아 주었을까?

"구역장님 요즈음엔 종이 값이 싸서 두 리어카가 넘는데도 만원밖에 못 받았어요."라고 하면서 다음과 같은 이야기를 들려 주었다.

그녀의 목소리를 들어 보기로 한다. "주님! 전 주님께 너무도 엄청난 은혜를 받아 구원을 얻었습니다. 여태껏 때마다 절에 다니며 헛된 우상만 섬기다가 이제 주님 앞에 돌아왔습니다. 저는 배운 것도 없고 가진 물질도 없습니다. 그러나 주님께 받은 이 은혜를 갚을 길 없어, 무엇으로 은혜에 보답할지 모르오니 그것을 가르쳐 주세요."라고.

어느 날 새벽 성전에서 기도하고 있는데 환상 중에 흰 종이가 눈앞에 날리는 것이 보여, 갑자기 '웬일인가?' 하는 순간 "누가 이 종이를 줍겠느냐"고 물으시는 주님의 음성이 들리는 것 같아, 깜짝 놀라 그 뒤 폐품을 모아보리라는 결심을 했다고 한다.

오늘도 구역예배에 흰 봉투를 우리 앞에 내어놓고 먼저 총총히 예배자리를 떴다.

"낮"일을 하다가 잠시 들른 것이다.

"주여! 과부의 엽전 두 닢을 그의 전부로 알고 받으신 주님, 이 엄마의 귀한 마음을 받으시고 이 가정을 축복해 주시며 오늘 바쳐진 이 헌금이 「사랑의 손길」 모금 운동에 한줌 밑거름이 되게 하소서!"

## 아기 천사들

　서울에서 과천을 향하여 가다가 군부대에 못미쳐 좌측으로 난 작은 골목길을 따라 한참을 들어가다 보면 허름한 축사가 밭 가운데 서 있는 것이 먼발치에서 보인다. 비닐과 합판으로 바람벽을 막고, 임시로 공터에 30평 남짓 지어진 집인데 대문도 변변히 달려 있지 않아 담 울타리를 더듬적거려야 겨우 찾아낼 수 있었다.
　잿가루가 마구 바람에 날리고 겨울바람에 비닐 종이 벽이 문풍지 소리를 내고 있었다.

　병원 치료가 불가능해 손을 놓은 중증 뇌성마비 어린 환자들을 모아 키워오는 이름없는 작은 한 기관이다. 이름하여 「모두 사랑의 집」인데 생후 1개월에서 4~5년까지 된 어린 뇌성마비 환자만을 모아놓은 단체이다.
　이곳은 십여 년 전 한 수녀로부터 시작되었다고 한다.
　지난 수년간 개인축사를 빌려 쓰는 형편인데 그것도 내년 3월이면 다시 주인에게 돌려주어야 하는 딱한 사정에 놓여 있음을 전해 듣고 안타까운 마음을 금할 수가 없었다.

　잠시 이야기를 나눈 후 우리는 드디어 아이들이 기거하는 방에 들어섰

다. 말로만 듣던 환자들을 막상 대하니까 말문이 막혔다.

  20평 남짓한 방에 12명 정도의 어린 환자들이 수용되어 있었는데 그들은 눈만 멀거니 뜬 채 팔다리는 달려만 있지 거의 움직이지 못하고, 인형처럼 누운 채 먹여 주어야 먹고, 팔을 들어주어야 들고, 다리도 올려 주어야 올리는, 마치 식물인간 같은 몰골이었다. 배가 고파도 말을 못하니까 동물이 우짖는 소리를 하고 있었다.

  방바닥에 깔려진 요위에서 나뒹굴어져 자고 있기도 하고, 하반신이 마비가 되어 언제나 목석처럼 앉아만 있는 아이, 손과 발이 제멋대로 굽어져 문어발처럼 흐느적거리는 아이, 차마 눈뜨고 볼 수 없는 기막힌 광경이었다.

  때마침 비닐 창문 속으로 겨울 햇살이 밝게 비쳐들고 있지만 그 찬란한 햇볕이 그들과 무슨 상관이 있단 말인가?

문득 간병해 주는 젊은 처녀들을 보면서 '누가 시켜서 이 어려운 일을 할 수 있을까? 그것도 매일같이 반복되는 일을…' 한 시간이 멀다하고 다리팔이 굳어지는 것을 막기 위해, 움직이는 동작을 반복시켜주고, 대소변을 가려주며 먹는 것, 입는 것을 챙겨주는데 그들의 표정은 참으로 밝았다. 교통비 조의 최소한의 사례를 받고 이 힘든 일을 해내는 장한 모습을 보면서 한 순간 그들이 숨은 천사처럼 느껴졌다. '천국은 바로 저 아름다운 천사들의 것이 아니겠는가?' 그런 생각을 하면서 어린것들을 물끄러미 내려다보았다.

근육의 동작이 거의 마비가 되어 아무런 행동도 못하면서도 어떤 아이는 때로 웃기면 웃고 때리면 칭얼대는 것을 보면서 아직도 감정이 실낱같이 살아남아 있음이 측은하기까지 했다. '저 어린것들을 통하여 하나님은 무슨 일을 하고 계실까?'

'오늘 우리 주위에 이처럼 가리워진, 그늘진 곳이 얼마나 많을까? 우리의 무관심과 안일함으로, 얼마나 도움 받을 손길이 그대로 방치되어 있을까?'

질퍽한 담 밑을 돌아 나오며 머릿속에 계속 어른거리는 어린 것들의 광경은 마치 산산이 조각난 유리판처럼, 죽음과도 같은 비정의 현장으로 내 마음속에 들어왔다. 뿌연 먼지 속에 사라지는 패잔병처럼, 허무함마저 들면서 막차의 모습이 떠올랐다. 가슴에서 찬 공기가 서리다 못해 얼어버리고 있었다.

'누가 이들을 이렇게 되게 했나? 누가 이것을 '생명'이라고 이름 부를 수 있을까?' '차라리 나지 말 것을…' 그런 생각도 해 보았다. 그것은 욥이 고통 중에 울부짖던 소리와는 또 다르다. 이 소리는 적막 속에 퍼지는 무서운 배신의 메아리처럼 퍼져나갔다. 슬프다. 잔인한 생각이 든다.

차창 밖으로 비치는 겨울하늘이 유난히도 차갑게 느껴졌다. 주님의 알지 못하는 섭리 앞에 탄원의 기도를 드렸다.
"주여! 저들을 불쌍히 여기소서. 당신 앞에 가고 있는 저 가련한 영혼들 앞에 인자와 자비를 베푸소서…!"

## 표주박에 담긴 감사

어느새 올 일 년도 다 저물어, 마지막 남은 달력 한 장이 "세모"를 아쉽게 알리고 있다. 오늘은 이 해가 다 가기 전, 그동안 복음주의 협의회에 들어온 성금을 가지고 어느 선교회를 통하여 알게 된 한 사람을 찾아가는 날이다.

과일과 고기 그리고 카세트라디오를 준비해서 그를 두 번째 방문하는 날이다. 방배동 삼호 아파트를 지나 좌측 골목 제일 끝집이 그가 살고 있는 집이다.

정씨는 지금으로부터 18년 전 그의 나이 스물네 살 때, 어느 날 자전거 위에 짐을 싣고 시골길을 가다가, 짐을 너무 높이 실어, 그만 짐이 길가 고압선에 감전되는 바람에 몸에 전기가 흘러, 죽을뻔 하다가 기적적으로 살아났다고 한다. 사고를 당한 뒤 여러 번 수술을 해 보았지만 별다른 효과를 못 거둔 채 결국엔 영영 하반신을 못 쓰고 오늘까지 18년을 누워서 생활하게 되었다는 것이다. 그가 누워서 생활하면서 제일 어려운 것은 욕창이 생기는 일이다. 다행히 그의 곁에는 단 한 분 82세 된 노모가 오늘도 그를 돌보고 있었다.

비록 방은 햇빛이 제대로 들지 않는 지하실이었지만, 지난번 갔을 때는 그래도 방바닥에 연탄을 때서 따뜻했는데, 오늘은 지하에 습기가 차서, 벽지가 다 떨어지고 바닥에서 물기가 스며나와, 할머니가 걸레로 닦고 계셨다. 환자는 바닥에 스티로폴을 깔고 그 위에 요를 펴고 누워 있었다. 우리 세 사람은 그 광경을 보고는 얼마동안 아무 말도 못하고 망연한 채 한참을 앉아만 있었다.

그런데 지난번 정씨를 처음 보았을 때도 느꼈지만 오늘도 여전히 그의 얼굴 표정은 밝고 환했다. 보는 우리로 하여금 이해할 수 없을 정도로 그는 담담하고 편안해 보였다. 긴긴 세월 '분노와 갈등이 삭여져 승화된 모습일까?' 한 사람을 통하여 끈질긴 인내의 뿌리를 보고 있는 것 같은 생각을 하다가 난 문득 베데스다 못가에 누워있는 38년 된 병자를 연상했다.

그가 우리를 향해, "누워있어 실례가 되어 어떻게 하느냐"고 오히려 미안해 했다. 서로가 웃으며 간단한 대화를 나누고 함께 조용히 기도하고는 가지고 간 것을 전한 다음, 일어나 지하방 높은 문턱을 허리를 굽혀 나왔을 땐, 밖에는 야속하리만치 밝은 햇살이 온 지면에 쏟아지고 있었다.

그의 노모는 대문 밖까지 우리를 따라 나와 계속 고맙다는 인사말을 했다. 우린 다만 모아진 정성을 전달해 주는 우체부에 불과한데 이 사랑의 표주박에 담긴 감사는, 이름도 밝히지 않고 협의회 구좌를 통해 보내 주는, 모든 이들에게 가야 할 몫이다.

돌아오는 차안에서 서로는 말이 없었다. 뿌연 매연 속을 뚫고 차가 달리는 동안, 아무도 입을 열지 않았다.

"주님! 비록 저가 지금은 육신적으로는 불행한 나날을 보내고 있지만 그 언젠가 하늘나라에 갔을 때는 죽어서 천국 간 거지 나사로처럼 그의 영혼을 받으사 영원한 기쁨을 누리게 해 주세요."

달리는 차의 중앙선을 뒤돌아보니 미처 깨닫지 못했던 감사가 점철되어 오늘따라 노란 중앙선이 유난히 굵게 보였다.

# 새싹들의
# 행진

　알을 까고 새끼 병아리가 나오듯 몇 달의 준비 작업을 거쳐 초등부가 탄생된지 어느덧 1년이 다 되어간다.

　그동안 여러 면에서 부족하고 미비한 점이 많았지만 그래도 무사히 출발신호와 함께 1년을 지내왔다. 생각하면 대견스럽기도 하다. 그동안 지내온 일을 돌이켜 보면 무엇보다 가족이 많이 는 것이 기쁘다. 삼십 명이 조금 넘는 가족으로 출발했는데 연말이 가까워오니 지금 어린 꼬마들의 머릿수는 거의 배로 늘었다. 마치 개미가 먹이를 물어오듯 친구를 데리고 와서 가족 수가 그만큼 불어난 것으로 생각된다. 우선은 하나님께 감사드리고 어린이들 한명, 한명에게도 하늘의 큰 상이 예비 되었을 것으로 보아 고맙고 예쁘다.

　또한 부장님, 총무님 그리고 여러 교사님들이 열심히 일 년간 노력한 그 열매인 줄로 안다. 무엇보다 고마운 점은 부장님, 총무님 이하 여러 교사님들이 진심으로 섬기는 자세이어서, 어느 한 분도 유난히 튀거나 모가 나지 않는다는 점이 우리 초등부의 가장 큰 장점이었다.

　전도에 누구보다 열을 올리신 분은 초등부 부장 집사님과 총무 집사님 이시다. 총무님은 주일날 아침이면 가까운 주변 어린이 집을 늘 심방하서

서 데리고 오셨다. 부장님은 어린이들에게 아낌없이 예쁜 인형선물로 어린이들에게 전도하고픈 호기심과 열심을 자아나게 해주셨다. 아이들은, 한명이라도 더 많이 교회에 데리고 오면 자기에게 돌아오는 기쁨의 큰 수확이 있다는 것을 실감하기 시작했다.

초등부 연령의 어린이들(9세~11세)은 아주 어려서 부모에게 의존하는 나이가 아니고 자력으로 올 수 있고, 자신의 의사표시를 어느 정도 정확히 할 수 있고, 근육을 유난히 활발하게 움직이는 적극적인 연령이라, 잘 떠들고 잘 놀고 또한 협력도 잘들 해 주었다.

또한 자아 정체감이 아직 완전히 확립된 나이가 아니라 지나치게 자신을 의식하지 않으므로, 남과 사귀기가 쉽고 또 잘 어울릴 수 있어서 전도

하기가 제일 좋은 나이로 여겨진다. 이때 친구 손에 이끌려 교회로 올 수 있는 어린이는 영적으로 어쩌면 가장 축복받은 어린이일 것이다.

몇 달에 한 번씩 오후 활동 시간에 달란트 잔치가 벌어지면 평소엔 안 보이던 어린이도 새로운 친구를 데리고 와서 많이 참석해 성황을 이루곤 했다. 자기가 모은 달란트로 자기 손으로 물건을 살 수 있다는 기쁨, 이것은 말만의 전도보다는 훨씬 효과적인 것 같다.

어린이들은 단순해서 눈으로 보고, 만지고 호기심이 자극되면 친구를 데리고 오고 싶은 충동이 일어나는 것 같다. 이 점은 어린이 전도에 커다란 동기가 된다고 생각한다. 이처럼 어린이 자체가 어떤 존재임을 좀 더 이해한다면 어린이전도는 어른보다 훨씬 수월할 수도 있다.

1년을 지내오면서 제일 즐거웠던 일은, 그것은 바로 교사 연극 연습시간으로 기억된다.

지난 8월에 초등부 헌신예배 때 교사들 연극 발표가 있었다. 선생님 한 분이 아브라함과 이삭을 주제로 연극 각본을 각색하시고 연극전체를 준비하시느라고 애쓰시던 모습이 기억에 새롭다.

"여호와이레"란 제목으로, 그 제목을 널따란 천에 수를 놓으시곤 막대를 달아 커다랗게 플랜카드식 장식으로 만들어 오셔서, 두 명의 교사가 본당의 설교단 아래 쳐들고 서는 순간 모든 교인들이 탄성을 올리던 때가 떠오른다.

교사들은 연극 대사를 맞추어 보면서 웃느라고 어쩔 줄을 몰라했다. 더불어 지낼 때 갖는 기쁨과 즐거움은 쉬 잊혀지지 않는 것 같다.

제일 어려웠던 때는 장마철에 초등부실 바닥에서 물이 새어나오는 일이었다. 양동이로 몇 번을 퍼내도 계속 물이 고이곤 했다. 그래서 의자커버에 곰팡이가 생기기도 했다. 그때마다 안타까웠던 것은 피아노에 습기가 차서 제대로 소리가 안 나는 것이었다. 물먹는 하마로 달래보았지만 별 수가 없었다.

그러나 이제 헌당도 마친 지금엔 모든 것이 나아졌다.

봄성경학교 및 여름성경학교와 절기행사 몇번을 치루고 나니깐 어느새 크리스마스가 다가오고 있다. 이제 한 장 남은 달력은 12월 날짜들을 아쉽게 하루하루 지워가고 있다. 새해엔 더 좀 잘, 더 좀 멋있게 초등부를 이끌어가고 싶지만 도다시 주님께서 커다란 은혜를 내려 주실 때만이…. 올해보다 더 나은 내년이 될 것을 기대한다.

"주님! 내년에도 초등부에 이른 비와 늦은 비를 넉넉하게 내려 주옵소서."

# 그리움을
# 남기고

　　교회에 처음 부임했을 때를 기억해 봅니다.

　　지금부터 7년 전 12월 첫 주일이었습니다. 해가 채 떠오르기 전 추운 겨울, 3호선 전철을 타고 일산을 향해 한 시간 가량 달려갔습니다. 주엽역에서 내려 한참을 걸었던 기억이 납니다.

　　새벽 7시 10분경.
　　유리 문으로 된 교회 정문에 들어섰습니다. 환하게 웃으며 맞이해주는 어느 권사님의 안내를 받아 아침 첫 예배에 참석했었습니다. 그때 온 성도님들에게 취임인사를 하려고 계단에 섰을 때 제일 아래 계단에 서니까, 목사님께서 두 계단 더 위로 올라와서 인사를 하라고 하셨지요. 더 높이 올라가니까 갑자기 성도님들이 일제히 저만 보는 것 같아 가슴이 뛰고 얼굴이 화끈했던 기억이 납니다.

　　그날 어느 집사님이 인사하는 장면을 찍으셔서 사진틀에 끼워 주신 것을 오랫만에 다시 꺼내 보았습니다. 웃고 있는 제 모습을 보니까 제가 아닌 것 같았습니다. '내가 이런 때가 있었나?' 사진속의 모습은 정지되어 있는데 시간은 너무 많이 저를 바꾸어 놓았네요.

　　교회에 처음 와서 엘리베이터를 타고 창밖을 보았을 때 훤히 내다보이던 호수공원 전경은 가히 볼만 했습니다. 참 멋있어 보였습니다. 그러면서 '교회가 좋은 위치에 자리 잡고 있구나' 생각했지요.

교회를 겉에서 볼 때 보다는 안에 들어와 보니 꽤 넓어 보였습니다. 그런데 언 듯 옆면에서 보니까 겉모습은 마치 꼬리가 잘려진 오리 몸뚱이 같았습니다. 하! 하!

그때, 며칠 후면 무슨 부흥집회가 있을 예정이라 큰 현수막이 위로부터 아래로 내려워져 있던 것이 기억납니다.

일산거리는 조용하고 상당히 깨끗했었습니다. 네모반듯하고 말끔하게 정돈된 길엔 지금처럼 사람이 많지 않았습니다. 상점 간판도 그리 많지 않았지요. 육중한 콘테이너박스처럼 들어찬 오피스텔 건물도 그땐 없었습니다. 그래서 한산하다 못해 쓸쓸한 느낌마저 들었었지요.

제가 오던 그해 겨울, 흰 눈이 펄펄 내리던 어느 날 집 베란다에 혼자서서 먼발치 숲에 떨어지는 눈송이를 바라보다가 울컥 서울 생각이 나기도 했었습니다. 그런데 벌써 육년이라는 세월이 흘렀습니다. 지금 심정은 초등학교 1학년에 들어온 학생이 어느새 졸업반이 되어 졸업하는 기분입니다.

제게는 지난 몇 년의 시간은 생애 중에 가장 많은 일과 만남의 축복을 받은 기간이었습니다. 오늘도 교회를 뒤로하고 떠난다고 생각하니까 속대를 덮은 표고버섯처럼 여러분이 저를 그렇게 감싸주셨던 사랑을 무엇으로 보답해야 좋을지 모르겠습니다. 떠나는 아쉬움보다는 받은 은혜, 받은 사랑에 인사를 일일이 다 못 드리고 가는 마음이 더 무겁습니다.

사랑에 빚진 자 된 기분입니다. 아마도 이곳에서의 많은 날들은 저의 기억 속에서 오래도록 잊혀 지지 않고 남을 것 같습니다.

　진심으로 감사합니다. 여러분 모두 건강하시고 복된 새해를 맞으시기 바랍니다.

〈1부 예배〉 이임사(離任辭)

# 여러분을 만나면서

제가 여러 성도님들을 만나기 전에는 저는 진정 목회자가 아니었습니다. 다만 이름을 받은 목회자였을 뿐이었습니다.

제가 여러분들을 만나고 부터는 나무토막에 불과했던 저는 한 자루 촛불이 되었답니다. "목사"라는 이름 때문에 타야하는 촛불이었기 때문인지도 모르지요.

제가 여러 성도님들을 알고부터는 이슬 담은 꽃처럼 아픔을 함께 담는 기도하는 사람이 되었습니다. 주님께 아뢰는 기도관 역할을 해야 했기 때문인지도 모르지요.

여러분의 사랑을 드으면서 부터는 제 안에서 조용히 들려오는 가슴의 소리가 있었습니다.

"네가 내 종이면 내 양을 먹여야 되지 않겠니?
네가 내 종이면 내 양의 음성을 들을 줄 알아야 하지 않겠니?"

여러 성도님들이 저를 불러 주시고 안겨와 주셔서 그때부터 아무것도 모르는 제가 한 사람의 목회자로 비로소 자라기 시작했습니다. 그런데 어느덧 육년이라는 세월이 지나갔습니다.

황도 빛 노을도 언젠가는 서산을 넘듯이…

묘판에서 자란 묘목도 옮겨 심어야 하듯이…

이 곳을 떠나야 하는 날이 오늘이 된 것 같습니다.

기차의 기적소리가 점점 작아져 가면서 그 몸체도 보이지 않게 되듯이 저의 부족한 설교말씀. 심방 가서 들려드린 복음의 메시지. 성경공부 하면서 시간이 지난 줄도 모르고 가르침에 빠져 있던 순간들. 이 모두의 소리를 뒤로 하면서 이제 여러분과 작별하는 때가 온 것 같습니다.

모두 평안하시고 믿음생활 잘 하시는 여러분 되시길 진심으로 기원드립니다.

〈2부 예배〉 이임사(離任辭)

# 아롱이, 다롱이 이야기

　이번 월례회는 장소를 바꾸어 다른 때와는 다르게 색다르게 치루어졌다. 이름하여 "초대받은 월례회"였다. 그리하여 각 교회 어머니 중보기도 모임 회원 모두는 다른 날 보다 한 시간 일찍 집 앞 가까운 주차장 앞으로 모였다.
　그 가운데는 칠십 그개를 넘기신 분도 여러분 계시고, 구부정한 허리에 뒷짐진채, 뺨을 뒤로 하고 걷고 계신 분도 더러 계셨다. 그러나 그 분들이야 말로 한결같이 선교회 문턱을 오르내리며 오늘의 어린이선교회를 이끌어 오신 기둥 같은 분들이다. 봉고차에 올라타실 때 '아이고!' 소리를 연발하시면서도 얼굴엔 웃음이 떠나질 않았다. 마치 어린애 소풍가는 기분들이셨다.

　오전 9시 30분경 봉고차는 두 대로 나란히 수서 쪽을 향해 달렸다. 차창 밖으로 한강 물줄기가 유유히 흐르고 있었다. 그런데 비가 안와 다리마다 밑기둥이 드러나. 얼마 있으면 강바닥까지 보일 것만 같아 안타까운 마음이 들었다.
　삼십분쯤 달려 수서역에 도착했다. 그곳에서 십분 쯤 더 들어가니, 낯선 지역, '세곡동'이라는 동네가 나왔다. 공기가 맑고 가까이 산자락을 끼고 새로 지은 집들이 여러 채 들어서서 마치 외국 어느 마을에 온 듯했다. 7~8층 건물들도 상당히 많이 세워져 있어서 모두들 '와!' 하면서 어리둥절 했다.

우리가 찾아간 교회는 어느 건물 8층에 자리 잡고 있었다. 엘리베이터를 타고 올라가 교회 안에 들어섰다.

우리는 또 한 번 '어머나!' 하면서 탄성을 올렸다. 여집사님들의 민첩한 안내하며, 복도를 끼고 작은 테이블과 의자가 군데군데 놓여 있고, 벽에는 어린이들과 관련된 그림과 표어가 예쁘게 장식을 이루고 있었다. 창밖을 내다보니 멀리, 가까이 아파트 군들이 우뚝, 우뚝 바위처럼 서 있고, 주변엔 푸른 산이 병풍처럼 드리워져 있었다.

11시쯤 되어 본당 예배실에 들어섰다. 교실 두세 개 합친 만한 공간인데 산뜻하고 아담한 느낌이 들었다. 성령님이 본당 안을 따스하게 감싸고 있는 듯했다. 정면에 세워진 밤색 나무 십자가와 그 십자가를 뒷받침해 주고 있는 오목한 흰 벽면은 퍽이나 인상적이었다. 그 옆 한켠엔 투명 유리로 칸막이한 드럼 악기들이 가지런히 놓여 있었다.

설빙 재료 같은 반투명 크리스탈설교단 하며, 윤이 반짝이는 검은 그랜드 피아노, 바닥은 회색 데코타일에 평안한 청회색의 의자가 본당 안을 꽉 메우고 있었다. 어느 하나 새것 아닌 것이 없는 그야말로 신혼살림 같다는 느낌이 들었다.

개척한지 몇 년 안 된 교회로 알고 왔는데 살뜰함이 여기저기 묻어나는 예쁘고 사랑스러운 교회였다.

'담임 목사님은 어떤 분이실까' 개막전 연극무대처럼 우리는 기대감을

가지고 예배를 기다리게 되었다. 검은테 안경을 쓰신 목사님은 순박하고 호감이 가는 인상이었다. 말씀을 듣다보니 오십 가까이 되신 것 같은데 얼른 뵙기엔 청년 같아 보였다.

'왜일까?' 그 이유를 알 것 같다. 목사님 목회 철학을 듣고 보니 그 마음이 어린애처럼 순수한데 어찌 그리 안 보이겠는가!…

목사님의 목회 목포는 '다음 세대를 키우기 위한 목회'로서 어린 유아, 유치부부터 청소년, 대학생에 이르기까지 이들을 하나님의 자녀로 제대로 길러내는 것이 그의 소명이요, 은사임을 표명하셨다.

목사님과 뜻을 같이하며 협력하는 젊은 전도사님도 좋은 조력자일 것이라는 생각이 들었다. 우리 일행이 돌아올 때 선교회 앞까지 데려다 주시면서 전도사님 이마에 땀방울이 송글송글 맺히는데도 힘든 내색 않고 묵묵히 운전해 주시는 모습을 보면서 '그 목사님에 그 전도사님이구나'

하는 생각이 들었다.

이 교회는 주일날이면 본당을 포함해 전체가 어린이들로 바글바글 북적댄다고 한다. 그리고 보니 본당 정면 옆의 커다란 그림나무가 새삼 눈에 들어왔다. 가지마다 종이쪽지가 다닥다닥 붙어 있었다. 멀리서 보면 마치 눈꽃나무 같았다. 그 쪽지는 어린이 전도대상, 기도대상 인물들 이름이 적힌 인물열매 쪽지였다.

그 뿐인가! 내가 앉아 있는 의자 앞쪽 등받이를 내리는 거기에도 사람 이름이 한명, 한명 적혀 있었다. 들여다보니 '이 사람을 위해서 기도해 주세요.' '이 어린이를 기억해 주세요.' 이런 내용이었다. 내려다보면 저절로 눈에 띄는데 어찌 기도할 마음이 나지 않겠는가! 전도의 새로운 발상이었다.

예배 순서 중간에 각 교회 어머니 중보기도모임 보고 시간이 있었다. 그런데 오늘따라 거의 단에 서신 적이 없는 김권사님이 어머니 중보기도모임을 대표해 마이크를 잡으셨다.

"이 '어린이 선교회'는 처음부터 선교회로 출발한 것이 아닙니다. 저의 아들이 초등학교 2학년일 때 학교 학급문고로 어린이 만화성경을 가지고 가게 되었지요. 그런데 어느날 같은 반 친구가 그 책을 집에 가지고 가게 됐고 우연히 그 친구 할머니 손에 그 책이 들려지게 되었다는 것입니다.

그 후로 할머니가 그 만화성경책을 읽으시곤 예수님을 영접하게 되었답니다. 그것이 계기가 되어 그 후 각 반마다 만화성경책을 넣어 주게 되고 또 세월이 흘러『말씀과 함께』가 만들어지게 되었으며…" 조용조용히 말씀하시는 권사님의 음성을 타고 세월 속에 묻혀진 '선교회'의 발자취가 잔잔히 퍼져나가는 듯했다.

"뒤돌아보면 그야말로 40여 년 동안 하나님께서 이 선교회 일을 시작하시고 이끌어 오셨기에 모든 영광은 하나님께 돌릴 뿐입니다. 이스라엘 백성이 출애굽 광야 생활에서 구름기둥과 불기둥을 따라 광야 행진을 계속했듯이 저희 또한 그와 다를 바가 없습니다.

덧붙여 지금까진 이렇게 여성들이 미약하게 이끌어 왔지만 이제부터는 이스라엘 백성이 광야 40년을 거쳐 마침내 가나안 땅에 들어갔듯이 오늘 말씀해 주신 목사님께서 이토록 어린 영혼을 향해 애정과 관심을 가지고 계시니, 목사님을 중심으로 남성분들도 동참하여 우리 선교회가 새로운 비전을 가지고 출발할 수 있도록 깃발을 들어 주시면 좋겠습니다."라는 부탁의 말씀을 남기시며 내려오셨다.

이 말씀을 듣고 계시던 목사님의 입가에 작은 미소가 지어졌다. 난 그분 뒷자리 옆에 앉아 있었기에 그의 표정을 살짝 훔쳐볼 수 있었다. 그 모습을 살펴보면서 나 흐뭇한 기쁨의 미소가 절로 나왔다.

담임목사 사모님의 목이 쉴 정도로 열정적으로 주님께 부르짖는 기도 소리는 함께 기도하는 우리 모두의 심금을 뜨겁게 울렸다.

젊은 엄마로 구성된 합창단의 찬양소리도 한몫… 낭랑한 목소리로 의연하게 사회를 보는 사회자의 모습 등등, 모든 예배 순서는 목사님 축도와 함께 은혜롭게 끝이 났다.

월례회 순서가 다 끝난 후, 어느 식당으로 초대받아 맛있는 갈비탕을 먹었다. 목사님은 식사 후 남한산성의 한경직 목사님 마지막 요양 하시던 곳도 안내해 주셨다.

한낮 기온이 30도를 웃돌아, 대지가 타오르듯 따가운 볕이 도로 위를 내리쬐었다. 잠시 어느 카페에서 냉커피를 비롯해 시원한 음료까지 대접받고 나니 고마움을 넘어서 미안한 마음이 점점 차오르는 기분이었다.

"주님! 나뭇가지에 이름이 눈꽃처럼 붙어 있던 그 교회 어린이들도 언젠간 하나님의 귀한 일꾼으로 자라나 있겠지요. 그 아롱이, 다롱이 아이들을 기억해 주시고 훗날 선교의 큰 기둥으로 세워 주시길 간절히 기도드립니다."

집 앞 현관에 다다를 무렵 석양녘 태양도 선글라스를 벗고 환하게 웃는 것 같았다.

꿈을 담은 조각보가 "일상 속의 흔적"들로 첫 출발을 시작해 "빛의 여운"을 따라 점점 제 형태를 드러내는가 하는 사이에 원고 뭉치는 어느새 손에 잡힐만한 두께로 되어져 온다. 가만히 그 조각들을 들여다보면서 난 잠시 거꾸로 가는 여로(旅路)의 기차에 오른 기분이다.

뒤늦게 다시 배움의 길로 들어선 만학도(晚學徒)의 추억들이 되살아나고 있다.

여러 교수님들이 각기 과목마다 내준 리포트 과제물들… '언제 이 여러 가지 책들을 다 읽고 독후감을 써내야 한담…' 한 숨도 쉬고 투덜거리기도 하다가, 제출날짜가 다가오면 밤이 맞도록 책상머리에 앉았던 기억이 새롭다.

읽어야 할 분량을 끌어안고 씨름한 적이 그 몇 번이었던가!… 하지만 책들과 벗하는 시간을 보내면서 사색의 골짜기에 나의 생각의 파편들이 박히면 또 하나의 우주가 그려지고 그 우주는 새로운 사색의 강을 이루어 끊임없이 바다로 흘러가 큰 심연을 이루는 것 같았다. 그 가운데 유난히 기억에 남는 몇 편을 골라 원고의 마무리 장식을 해보려고 한다.

4부
# 사색의 뒤안길

# 『한 아이 (One Child)』

토리 L. 헤이든. 역자: 주정일, 김승희, 샘터출판사

이 책은 실화를 소설형식으로 엮은 실화적 소설이다.

주인공으로는 6살 난 어린 소녀 '쉴라'와 그의 선생님 '토리 L. 헤이든'이 등장한다.

쉴라 어머니는 14살 때 자신보다 열여섯 살 위인 30세 되는 남자를 만나 강제적으로 '쉴라'를 갖게 된다.

그녀는 몇 년을 살다가 쉴라를 두고 두 살 난 아들만 데리고 가출해 버린다. 그 이후 쉴라 아버지는 술로 세월을 보내며 "쉴라, 너 때문에 너의 엄마가 나갔다."고 하면서 그 애를 때리고 학대한다. 심지어는 "쉴라, 너는 내 친딸이 아니야!'라고 어깃장을 놓으며 쉴라를 괴롭힌다.

그 애는 비록 이 같은 환경에서 커 갔지만 머리는 남달리 뛰어나 명석했다. 그러나 자라면서 점점 성격이 공격적이 되고, 반항적이며 파괴적으로 바뀌어 주위 사람을 괴롭힌다.

'토리' 선생님을 만나게 된 것도 어느 날 세살난 아이를 나무에 매어놓고 불을 지르다가 그것이 발각되고, 결국 잡혀서 토리 선생님에게 넘어오

게 된 것이다. 토리 선생님은 쉴라가 시립병원 정신병동에 수용되기 전 한 달만 맡아 달라는 시의 부탁을 받고 쉴라를 맡게 된다.

쉴라는 반항적이면서도 어떤 땐 전혀 말을 안 하고 꼼짝도 않고 있다가 갑자기 반 아이들을 못살게 굴기도 했다. 한 번은 어항의 물고기를 꺼내 눈을 다 찔러서 죽이고는 바닥에 내동댕이친 일도 있다. 어느 날은 옆 반에 가서 모든 기물을 부수고 찢는 일도 있었다.
이 책 15장에서는 쉴라의 충격적인 성에 대한 학대도 비춰진다.
이런 쉴라를 토리 선생님은 눈물겨운 애정과 인내를 가지고 보살피어 마침내 정상적인 학교에까지 가도록 키워낸다. 참으로 감동적인 실화소설이라 하겠다.

저자 '토리 L. 헤이든'은 정서적 부적응 아이에 대한 연구로 박사 학위를 취득한 여성이다. 그녀는 시립탁아소, 공립학교, 정신병동 심리치료실에서 일해 왔으며 이 책을 쓰게 된 동기를 다음과 같이 말하고 있다.
"이 생생한 체험기록이야말로 인간의 마음을 향한 나의 '승전보'입니다." "이 아이를 비롯해 우리 모두는 다 마찬가지 인간이지요. 이 사실을 고백하고 싶어서 펜을 들게 되었습니다."

이어서 책 내용 중 기억해 두고 싶은 몇 구절을 적어 본다.
"내가 맡은 학급은 아이들 8명, 보조교사 2명 그리고 나를 포함해 모두 11명으로 구성되어 있다. 이 학급은 어린 인간쓰레기를 수용하는 마지막 특수학급이라고 할 수 있다…"

"우리는 매일 아침을 토론으로 시작했다. 예를 들면 '우리를 행복하게 해 주는 것은 무엇이라 생각해요?' "만약 누군가가 다친 것을 알면 우리는 어떻게 해야 할까요?"라고 아이들에게 질문을 던지면서 의견을 주고받으며 수업으로 들어 간다고 쓰고 있다.

쉴라가 오줌 싼 것을 아는 순간 토리 선생님은 이렇게 말한다. "실수란 있는 법이야 네가 화장실 갈 새가 없었기 때문이지 너의 잘못은 아니란다."

"훌륭한 교사가 되는 것의 사분지 삼은 상대의 눈높이로 자기의 눈높이를 적절하게 맞추는데 있다."

"가끔 교육의 최선의 방책은 침묵이다."

이백오십 페이지에 달하는 소설을 이틀 만에 다 읽었다. 이 소설은 어린아이의 파손된 인격이 어떻게 다시 회복되어 가는 가를 밀도(密度)있게 전개 해 나가고 있다. 교사 토리 선생님이 쉴라를 접근해 가는 과정은 놀라울 정도로 지혜로웠다.

'교육이란 대체 무엇인가?'

이 한편의 작은 무대를 중심으로 펼쳐지는 소설은 나로 하여금 '교육'에 대해 새로운 눈을 뜨게 했다.

에릭슨이 이야기한 신뢰도 형성기에 신뢰감 대신 불신감이 생길 경우 그 영향이 얼마나 큰지에 대해 더 다른 설명이 필요 없을 것 같다.

사람이 사람을 믿고 사랑하며 산다는 것은 어쩌면 인간에게서 그것만큼 중요한 것은 없다는 생각이 짙게 와 닿는다.

진정, 인간(人間)은 사랑을 먹고 사는 존재(存在)라는 말이 되뇌어진다.

책을 덮었는데도 어린 쉴라의 마음이 가슴 아프게 와 닿던 구절이 떠오른다. "난 울지 않아요. 하지만 혼자 있을 땐 무섭거든요. 그러면 조금 울어요. 그렇지만 곧 닦아 버려요. 울면 '지미'(동생)하고 엄마가 생각이 나요. 그들을 그리워하게 돼요. 그래서 얼른 닦아요."

눈물은 가장 순수한 채색되지 않은 감정표현인데 그 눈물을 억제하는 쉴라의 표정이 상상이 간다. 그래서인지 내 마음속에서도 눈물이 흐른다.

토리 교사는 쉴라와 좋은 관계를 가지려고 애를 쓴다. 어린 쉴라를 완전한 한 인격체로 대하면서 자주 그 애와 대화를 나눈다. 대화중에는 'I message'(아이 메세지)를 많이 쓴다. 뿐만 아니라 중요한 일을 결정할 때는 쉴라에게 꼭 물어본다. 그것도 바로 물어브지 않고 잠시 기다리고 생각했다가 말을 건넨다. 이처럼 토리 선생님의 교수법은 일반 학교에서 진행되는 수업과는 사뭇 달랐다.

　난 주일학교 교사이다.
　지극히 정상적인 아이들과 일주일에 한번 만난다.
　그럼에도 우리 반 4학년짜리 남학생들은 정말 다루기가 쉽지 않다. 단 몇 분도 가만히 앉아 있질 못한다. 장난치고, 몸을 비틀고, 때론 소리도 질러대고… 한 아이가 그러면 다른 아이들도 따라서 한다. 어느만큼 참고 있던 나도 같이 소리를 꽥 지른다. 비로소 잠시 내 말소리에 귀를 기울인다. 그러다가는 또다시 낄낄거리고 옆 친구를 쿡쿡 찌른다. 이러기를 몇 번 하다보면, 아하! 분반공부는 그만 끝이 나고 만다. 이런 나를 생각해 볼 때 토리 선생님을 좇아간다는 것은 너무도 멀고 먼 길이다. 아니 흉내 낸다는 것조차 상상할 수가 없다. 그런데 어떻게 토리 선생님은 이 일을 해 낼 수 있었을까?…

　마지막 페이지가 가까워 올 무렵 난 책의 겉장 『한 아이』 제목을 다시금 들여다 보며 무엇인가 채워진듯한 훈훈함을 안고 조용히 책을 내려 놓는다.

　※ 『한 아이』 이 책은 필자가 "보육교사 양성과정"을 이수하는 과정에서 필독도서로 선정되어 읽게 된 책이다.

# 『IQ는 아버지, EQ는 어머니 몫』

저자:현용수 / 출판사:쉐마 / 년도:2005

　이 책 서문대로 1년이 봄, 여름, 가을, 겨울의 사계절을 거치듯 한 문명의 흥망성쇠도 주기적으로 순환을 겪는다고 보고 있다. 그러나 유대인의 문명은 겨울, 즉 죽음이 없다는 것이다.
　"그들의 문명은 겨울을 거부한다."

　그렇다면 그 힘은 어디서 나오는 것일까?
　이스라엘 영토는 남한의 강원도와 경기도를 합친 크기 밖에 안 된다. 인구수도 우리 남한 인구의 사분의 일 정도이다. 이런 나라가 현재까지 삼백 명이 넘는 노벨 수상자 가운데, 약 삼분의 일을 차지하고 있다면 어떻게 해서 이 일이 가능할 수 있을까?

　많은 사람들은 그 원인을 유대인만의 특별한 자녀교육에서 찾고 있다. 이들의 자녀교육은 한마디로 말해서 선민사상 교육이다. 즉 자신들은 하나님이 선택한 선민으로서 하나님의 말씀을 전수하기 위해 쉐마 교육, 탈무드 교육에 최고의 중점을 두고 있다고 말한다. 유대인들은 조상 대대로 부모를 거쳐 자녀에 이르기까지 신앙을 유전, 전수시키려는 것에 무서운 집념을 가지고 있다. 그러므로 그들은 선민으로서의 자아 정체감

(identity)을 뚜렷이 가지고 있다. 이 정체감이야말로 오늘까지 이스라엘이 스스로를 지켜온 힘이라고 할 수 있다.

이 책에 나타난 유대인의 삶의 철학을 살펴보면 유대인은 조상의 수치를 드러내어 그것을 적나라하게 공개하는 것을 조금도 부끄러워하지 않는다. 오히려 그것을 교훈삼아 더욱 강인하게 앞을 향해 나아간다.
한 예로 우리는 보통 '승리의 날'을 기념하지만 유대인은 '패배의 날'을 기념한다. 그 이유는 절망 속에서도 하나님을 향한 희망을 바라보기 때문이다. 그렇기 때문에 기쁨 중에서도 고난을 생각하는 마음을 가지고자 초막절 같은 절기엔 수많은 가정이 집을 나와 들판에서 장막을 치고 잔다.
이들은 또한 개인보다 공동체를 더 마음에 두고 있어서 학교에서의 과제물도 그룹으로 토의하고 공동체가 한 조가 되어 제출한다.

그들은 자녀교육이야말로 민족의 사활이 걸려 있다고 주장한다. 이와 같은 정신은 오늘까지 이스라엘이 역사 속에서 멸망하지 않고 다시 국가로서 세워질 수 있었던 원동력이 되었던 것으로 생각된다. 참으로 말씀대로 살려고 순종하는 유대인에게 하나님은 복을 주시지 않을 수 없다는 생각이 든다.

"그가 나를 사랑한즉 내가 그를 건지리라. 그가 내 이름을 안즉 내가 그를 높이리라."(시 91:14)라고 말씀하신 주님의 말씀이 떠오른다. 다만 풀리지 않는 이상한 점은 왜 유대인들이 아직도 이미 오신 메시아, 곧 예수 그리스도를 영접하지 않고 또 다른 메시아를 기다리고 있는지가 궁금할 뿐이다.

저자는 유대인들이 어떻게 삶 속에서 하나님 말씀을 지키며 살아가고 있는지를 정통파 유대인 가정을 샘플로 삼아 엮어 나간다.

제 1권에서 두드러지게 강조한 부분은 "안식일"에 관한 것이다. 결론적으로 말하면 이스라엘이 안식일을 지킨 것이 아니라, 결국 안식일이 이스라엘을 지켜주고 있다고 하겠다.
또한 유대인 학생들은 누구를 막론하고 학교 학생 전체가 오전엔 매일 한 시간씩 기도함으로써 학교 수업에 들어간다고 나와 있다. 저들 학생들에게 기도는 그대로 삶의 호흡처럼 느껴질 수밖에 없을 것 같다.
신앙은 훈련이요, 반복을 통한 훈련은 그대로 습관을 만들어 내고 나아가 개인이나 사회, 국가의 세계관을 형성한다는 말을 다시금 되뇌어 본다.

제2권의 "십계명" 설명에서는 제 5계명의 부모공경에 대한 부분이 이색적으로 나와 있다. 십계명에서 만약 제 5계명인 부모공경이 잘 지켜지지 않아 부모와 자녀의 연결고기가 끊어지면 하나님과 인간도 끊어질 수밖에 없다고 말하고 있다. 왜냐하면 "부모를 공경하지 않는 자녀는 부모가 간직하고 있는 자손 대대로 내려오는 여호와의 말씀을 전수받을 수 없기 때문이다." 라고 알고 있기 때문이다.
이 점을 보아도 이들이 얼마나 하나님 말씀을 세대를 이어 전수하려는 노력이 대단한가를 알 수 있다.
저자는 이 부모공경에 대한 뚜렷한 증거로 예수님 이야기를 말하고 있다. 즉 예수님께서는 당신 자신이 하나님의 아들이시면서도 육신의 부모인 요셉과 마리아에게 순종하는 모습을 보이셨고, 십자가상에서도 운명하시기 전 어머니 마리아의 노후를 제자 요한에게 맡기시는 효도의 모범을 보이셨다. 이런 부분은 마치 우리 조상들의 유교식 조상 숭배, 부모공경과 일맥상통하는 것 같다.

유대인은 자녀에게 직업 전수교육을 시킨다. 이 직업 교육은 생업을 위해 농사를 짓거나, 장사를 하거나 기계를 만지는 기술교육 등을 말한다. 그들은 지혜교육과 더불어 삶의 수단이 되는 지식 교육을 강조한다. 따라서 이들의 교육은 평생교육이라 말할 수 있다.

한편 자녀의 성대한 성년식 절차가 다른 나라와 달리 두드러져 보인다. 그들은 그 의식의 가장 큰 의미가 토라 말씀을 전수한다는데 있다고 말한다.

'우리는 성년식도 없을 뿐더러 성년이 가까워 올 때 무엇을 물려주고 있나?' 한 번 생각해 보게 된다.

이 책에 나오는 많은 격언 중에 유난히 기억될 만한 구절이 있어 이곳에 적어본다. "어머니를 잃은 아이는 문고리가 없는 문과 같다." 이 말은 어머니 역할이 얼마나 중요한가를 단적으로 보여주고 있다. 이스라엘에 있어 어머니 역할은 자녀들이 유대인으로 인정받는데 빼놓을 수 없는 조건 중 하나로서, 반드시 어머니가 유대인이어야 한다는 사실에서도 그 비중을 알 수 있다.

끝으로 저자에게 물어보고 싶은 몇 가지가 있어 이곳에 적어 보고자 한다.

제1권 150쪽을 지나 "… 솔로몬이 성전을 지었을 때도 본토에서 생산된 재료보다는 외국에서 수입했거나 조공으로 받은 백향목이나 금, 은이 더 많아 이것으로 성전을 지었다."라고 말하며 이와 같은 현상을 가지고 "이것은 신본주의 사상을 잘 지키면 땅의 것은 자연히 들어온다."고 말하고 있다. 이 말은 지나친 주관적 판단으로 본다. 잘못 이해하면 일종의 기복 신앙 쪽으로 빠질 수도 있기 때문에 이런 표현은 조심스럽게 말해야 한다고 본다.

제 2권 역시 끝부분에 가서… 유대인에 대한 기독교인의 편견이라고 하면서 종교개혁자 마틴 루터 얘기가 나온다. 루터는 랍비들에게 "나는 유대인의 랍비들에게 생명을 잃거나 수족을 잘리는 아픔을 주어서라도 그들이 가르치는 것을 금할 것을 조언 한다…"라고 말했다는 내용이 나온다.

'과연 마틴 루터가 이런 말을 했을까?' 믿어지지 않는다.

또한 책의 일부 내용은 같은 기사가 몇 단락 지나서 또다시 반복하여 나오므로 이런 부분을 삭제하면 내용전체가 더 좀 간추려질 것 같다.

덧붙여 부언하면 유대인의 생활상을 얘기하는 과정에서 유대인에 대해서는 거의 전적으로 긍정적인 부분만 언급하고, 한국인에 대해서는 부정적인 측면만 노출시켜 비교함으로써 독자로서는 다소 거부감을 느꼈다. 마치 유대인은 근본적으로 여타 민족과 다르다는 생각을 갖게끔 하는 인상을 받았다.

유대인이 선민(選民)이 된 것은 전적으로 하나님의 은혜일뿐이지 그들이 이방인과 본질적으로 다른 것은 아무것도 없다. 그들 역시 천민으로 취급받는 합비루(떠돌이 하층민)였으며 애굽의 노예였었던 것이다.

하지만 이 책을 통하여 필자는 우리의 교육을 유대인 교육과 자연히 대비하여 비춰보게 되었고 어느 면이 다른지 뚜렷이 알 수 있게 되었다.
'이제 우리의 교육은 어디를 향하여 어떻게 갈 것인가?…'

유대인의 고난의 역사 속에서 교육을 통한 가정과 나라의 역사 기록이야말로 그것이 얼마나 소중하며, 그 가운데 "망각은 쫓겨남을 당하지만 기억함은 다시 세움을 받는다"는 말을 마음속에 새기며 독후감의 마침표를 찍는다.

※『IQ는 아버지, EQ는 어머니 몫』이 책 역시 "보육교사 양성과정" 때 필독도서로서 쓰게 된 독후감이다.

# 『윌리엄 캐리와 성경의 문명개혁 능력』

공저: 맹갈와디, 비샬·맹갈와디,루스 / 역자:김정훈 /
출판사:예영커뮤니케이션, 1997.

　　윌리엄 캐리(1761~1834)는 영국인으로서 인도를 가슴에 품고 선교에 나선 선교사이다. 그러나 이 책은 그의 전기가 아니라 사회 개혁가인 윌리엄 캐리를 그려내고 있을 뿐이다. 따라서 그의 명료한 신학적 전제(前提)들을 바탕으로, 사역을 했던 선교사로서의 캐리의 모습을 보여주고 있다.

　　그가 살았던 1800년경 당시의 인도는 도덕적, 사회적, 지적, 영적으로 암흑기였다. 거슬러 올라가보면 거의 3천년 동안 인도의 종교문화는 대부분의 인도인들로 하여금 자유롭게 지식에 이르는 것을 거부하였으며 힌두왕조, 무갈제국을 이어 영국 통치자들은 대중을 무지의 속박으로 묶어버리는 고도의 카스트 정책을 유지하려했다. 그 가운데서도 특히 사제 계급이 기득권을 가지고 무장한 채, 진리를 알고 싶어 하는 백성의 자유와 능력을 빼앗고 있는 것을 보고는 캐리는 그들에 대항하여 엄청난 영적 능력을 발휘해 나아갔다.

　　무엇보다 캐리는 여성에 대한 광범위한 압박과 참혹한 살인에 대항하여 맞선 최초의 사람이었다. 왜냐하면 인도의 남성들은 일부다처제, 여아 살해, 조혼, 과부화장, 안락사, 강제적인 여성 문맹화 등으로 여성을 누르고 있었기 때문이다. 이같은 엄청난 장벽을 허물기 위한 윌리엄 캐리의 앞에서 열거한 악습을 총칭하는 사티와의 싸움은 25년 이상 지속 되었다. 그러나 놀랍게도 결국 1829년 그 벽은 무너지고 만다. 즉 세계에서 가장 가증스러운 종교적 관행 중 하나인 사티를 금지하는 칙령이 만들어지게 되었던 것이다.

인도의 종교제도에서는 윤리적인 성실성이란 찾아보기 어려웠다. 그 중 표로 힌두교에서는 여성이 남성으로 다시 태어나기 전에는 여성에게는 구원이란 없는 것으로 보았다. 따라서 남편을 잃은 과부는 머리를 밀어버리고, 모든 치장물들을 제거한 후 흰옷을 입어야 했는데, 그 모든 것이 가족 내의 다른 남자를 유혹하는 것과 가정의 혼란을 피하기 위함이라고 그 이유를 내 세우고 있다. 한 예로 직조공들이 일하는 도중에 사고로 죽으면 그들의 미망인들은 산채로 매장을 당해야 했다. 거기다 종교의 이름으로 어린아이들이 희생 제물로 바쳐지는가 하면 때로 자녀들은 고아가 되어 버리는 경우도 있었다.

캐리에게 있어서 투쟁은 선동이 아니라 교육을 의미했다. 캐리는 인도의 구습과 관행과 싸우는 일이야말로 죽음의 세력과 종교적인 어두움에 대항하는 영적인 전쟁일뿐더러 사회악에 대항하는 것이라고 생각했다.

이처럼 인도 문명개혁에 앞장선 캐리의 뜻은 곧 하나님의 뜻과 합한 것이 되어 그의 노력은 결실을 맺게 된다. 그리하여 마침내 1829년 12월 나라에서 "사티는 불법적이며 범죄"라고 선포하기에 이르렀다.

그 이후로 과부들은 인간답게 살 법적인 자유를 얻게 되었으며 어린 아이들도 더 이상은 잔인하게 '종교'라는 이름 아래 고아로 남지 않게 되었다.

인도 땅에 여성에게 그리스도교가 심어지는 일은 1801년 1월 자이마니 여성이 최초로 세례를 받게됨으로 시작된다.

그녀의 회심 이후 1세기가 지나는 동안 인도 전역에는 여성 그리스도인의 수가 늘어나 인도 대륙을 덮기 시작했다. 이같은 변화를 가져오는 데는 윌리엄 캐리 부인도 빼 놓을 수 없다. 그 이유는 캐리 부인 도로시가 정신 질환을 앓게 되었기 때문이다. '아마도 윌리엄 캐리가 가정과 부인을 미처 돌보지 못하고 선교에 열중한 나머지 부인이 정신병을 앓게 된 것은 아닐까?'라고 추측해 본다. 그 후 선교회 자체에서부터 남편만큼이나 아내도 소중함을 알고 여성을 중요시하기 시작했다.

다시 말해 윌리엄 캐리가 이끄는 선교회 회원 아내들부터 상담을 통해 비전, 능력, 정신적 건강을 점검받았고 그녀들의 필요와 관심이 어떤 것인가 점차 알게 되었으며, 이 일은 여성에 대해 좀 더 많은 배려를 하게 되는 계기가 된다. 그리하여 그리스도교는 여성들을 통해 점점 퍼져나가게 되었다.

윌리엄 캐리는 성경을 인도 토착어로 번역·출판·설교함으로써 인도 근대화의 초석을 놓을 수 있다고 주장했다. 왜냐하면 성경에서는 창조주 하나님이 인생을 고통스럽게 살도록 하시지 않는다고 가르쳐 주기 때문에 캐리는 성경의 문명개혁 능력과 가능성을 굳게 믿었다. 때문에 인도문명 수천 년을 파괴하는 쪽으로 이끌었던 점성술, 손금 그리고 다른 형태의 점술에 관한 믿음 등 인도 문화의 미신들에 저항하면서, 부활의 가르침을 통해 죽음을 이긴 하나님의 승리를 알려 주려 했다. 이처럼 캐리는 계속하여 인도인들이 가지고 있는 인생의 가치관을 하나님 쪽으로 새롭게 바꾸어 보려고 부단히 노력했다.

캐리는 '복음'이야말로 영혼의 영원한 구원을 위하여 하나님께서 주신 선물일 뿐만 아니라, 사회악에 대한 유일하고도 효과적인 처방이라는 사실을 알았기 때문에 교육을 통해 인도의 구습 나지 관습과 싸울 수 있었던 것이다.

지금까지는 『윌리엄 캐리와 성경의 문명개혁 능력』에 관한 책의 전반적인 개요를 소개했다.

아래의 글은 이 책을 다 읽고 난 후 필자의 소감을 적어 본 것이다.

윌리엄 캐리, "그는 주님께서 주신 다섯 달란트를 열 달란트로 만들어서 주님께 다시 바친 사람이다"라고 말해야 할 것 같다.

주께서는 한 알의 밀이 땅에 떨어져 썩을 때 많은 열매를 맺게 된다고 말씀하셨는데, 윌리엄 캐리야말로 인도 문명의 회전축을 서서히 바꾸어 놓았다고 해도 과언이 아니다.

캐리는 다른 무엇보다 하나님께서 주신 인간 본래의 존엄성을 회복시키기 위해 투쟁했다. 따라서 인도의 여러 기독교적 개발 사역은 이 정신으로부터 출발했다. 이와 같은 정신의 근간을 이루는 기독교 정신이야말로 종교적 무지로 인권이 유린당하는 현실과 맞싸워 이길 수 있는 초석이 되었으며, '사티'같은 제도를 폐지시키고 인도사회를 개혁, 발전시키며 무지를 깨는 계몽적 역할을 감당했다.

윌리엄 캐리는 하나님께서 자신에게 인도를 위임하셨다는 믿음을 가지고 목표와 목적을 가지고 나아갔다. 이것이 그의 선교 활동의 원동력을 이루는 비밀 중 하나였으며, 또한 '복음'만이 인도를 해방시키는 유일한 능력이라는 것을 알았다. 이와 같은 자각은 캐리가 가진 힘의 탁월하고 영감 있는 원천이었다.

한편 캐리 부인 도로시의 정신질환과 죽음의 기사를 읽으면서는, '혹시 남편에 대한 불만이 쌓여 결국 원망으로 치달아 그녀를 돌게 만들지는 않았는지…' '어쩌면 부인의 보이지 않는 희생도 캐리의 개혁 활동에 큰 힘이 되어주었을 텐데 그것을 캐리가 너무 외면한 것은 아닌지…' 여러 가지 상상이 머릿속에서 오간다.

　한때 윌리엄 캐리는 대화재를 당하기도 한다. 절망할 수밖에 없는 상황에서 그는 고통을 핥으면서도 다시금 주님께로 얼굴을 향한다. 그분의 낮추심과 단순을 배웠노라고 하면서…

　캐리는 진정한 복음주의자였다. 그는 복음의 능력을 실제 삶에 펼치고 전진해 나아가 수천 년을 내려온 힌두교를 중심으로 한 인도 역사에, 전혀 없었던 새로운 획을 그은 사람이다.

　나아가 캐리는 인도인의 영혼 속에 하나님의 진리의 말씀을 채워 넣으려고 힘썼기에 그의 가슴은 뛰고 있었으며 악의 권세로부터 구원을 바라는 인간의 신음과 한 숨에 귀를 기울였다.

　그러기에 자연에 대한 이해력과 구성력까지 동원해 한 나라를 바로 세우는데 중대한 역할을 감당했던 것이다. 따라서 선교사 윌리엄 캐리는 감히 포괄적 개혁의 영웅이라 불러도 아깝지 않을 것 같다.

　하나님은 진정한 하나님의 형상을 닮은 인간을 통해 그를 들어 쓰심으로, 위대한 하나님의 세계를 창조해 나가시는 분임을 절감하게 된다. 그가 비록 무리가 아니라 단 한 사람이라 할지라도….

　※『윌리엄 캐리와 성경의 문명개혁 능력』이 책은 신학대학원 재학시절 선교학 교수님께서 한 학기 기간 중 읽어야 할 독서 과제물로 지정해 주신 책이다.

# 『블루오션 전략 (Blue Ocean Strategy)』

저자 : 김위찬. 르네 마보안. 역자 : 강혜구. 교보문고. 2005

이 책은 변화를 추구하여 고객, 종업원, 주주, 사회를 위한 미래를 창조하고자 하는 사람에게 큰 힘을 주는 책이며, 지속적으로 항상 우수한 산업이 없듯이 지속적으로 항상 우수한 기업도 없다는 사실을 말하고 있다.

때문에 보다 가치있는 성공을 위해, 긍정적인 변화를 만들어내기에 힘써야 하며 또 그것을 체계적으로 반복하는 방법을 알려주려 하고 있다. 이것이 바로 현명한 전략적 이동이며, 전략적 이동이야말로 블루오션 창출에 결정적 역할을 한다는 것을 발견하게 된다.

블루오션 전략은 기업으로 하여금 비경쟁 시장공간을 창출함으로써, 유혈경쟁의 레드오션을 깨고 새로운 기회에 도전하게 한다. 다시 말해 이 전략은 경쟁사를 이기는 데 포커스를 맞추지 않고, 구매자와 기업에 대한 가치를 비약적으로 증대시킴으로써 시장점유율 경쟁에서 자유로워지고, 이를 통해 경쟁이 없는 새로운 시장공간을 열어 나가자는 것이다.

블루오션 전략실행(Executing Blue Ocean Strategy)에 있어서 가장 중요한 핵심은 "조직상의 주요 장애를 극복하라" 이다.

블루오션 전략은 현 상태로부터의 상당한 변화를 의미한다. 이것은 유사한 경쟁으로 향하는 집중화 현상을, 훨씬 낮은 비용의 차별화 가치곡선으로 전환할 수 있는 기회이지만 그러나 여기서 실행상의 장애가 나타난다. 이 장애는 4가지로 구분해 볼 수 있다.

첫째, 인지적 장애이다. 이는 종업원들이 전략적 이동의 필요성을 인식하지 못하고 있다는 뜻이다.

둘째, 제한된 지원이다. 즉 전략변화가 크면 클수록 실행에 더 많은 지원이 필요할 것으로 예상하게 된다. 그러나 수많은 기업에서 지원은 오히려 삭감되었거나 증가되지 않았다.

셋째, 동기부여이다.

넷째, 정치성이다. "직원들이 우리 회사에서는 어떤 일을 위해 채 일어서기도 전에 눌러버린다." 라고 인식하고 있다는 사실이다.

그러나 이를 효율적으로 성취하기 위해, 기업들은 변화실행에 관한 기존의 관습을 버려야 한다. 전래적 관습대신 '급소경영 리더십'을 제안한다.


급소경영 리더십은 기업에서 드물게 활용되는 실제 인자들, 즉 실적에 균일하지 않게 영향을 행사하는 사람, 활동, 업무 등이 있다는 사실에 기반을 둔다.

다시 말해서 수량에 비례하지 않으면서 최대의 효용성을 끌어내는 인자가 있다는 것이다.

급소경영 리더들은 불균일적 영향 인자들에게만 일관되게 포커스함으로써 블루오션 전략실행을 제한하는 4가지 장애요소들을 와해시킬 수 있다. 그들은 신속하면서 낮은 비용으로 임무를 완수할 수 있다.

다음으로 "전략 실행을 전략화하라"는 것이다.

전략 실행을 전략화하는 것은 블루오션 전략의 또 하나의 원칙으로 이어진다.

모든 직급의 신뢰와 참여를 고취하고 자발적인 협력을 진작시키기 위해 기업은 처음부터 전략실행을 전략화해야 한다.

이 원칙은 불신과 비협조, 심지어 태업같은 관리 리스크를 최소화하는 데 도움이 된다. 기업은 기존에 주로 사용하던 '당근과 채찍' 이라는 틀에 박힌 방법을 뛰어 넘어야 한다.

대신 전략 수립과 실행에 '공정한 절차(fair process)'를 적용해야 한다. 공정한 절차는 블루오션의 전략적 이동의 성공과 실패를 가늠하는 주요 변수인 것으로 나타났다.

공정한 절차는 사람들의 직접 참여를 이끌어냄으로써 전략실행을 구축한다. 공정한 절차가 전략결정 과정에 실행될 때 사람들은 공평한 경기장이 존재한다는 것을 믿는다.


## 『블루오션 전략』을 읽고나서

총 311페이지로 되어 있는 『블루오션 전략』은 그동안 읽어왔던 책과는 다른 분야의 내용을 다루고 있어 좀 생소한 느낌을 받았다. 책 속에 나오는 단어들이 어떤 것은 바로 이해가 되지 않았다. 때로 단어가 영어식 발음을 그대로 한글로 옮기고는 괄호 속에 영어가 기입되지 않아 내용 이해에 다소 어려움이 있었다.

읽어나가면서 마치 내가 어느 회사 CEO가 된 기분이었다. '이럴 때 나라면 어떻게 할 것인가?…' 지금까지는 전혀 생각해보지도 않았던 것에 관심이 생기고 눈이 떠지는 기분이다.

회사 경영을 피상적으로 보다가 한발 다가가 보니 마치 어느 건물에 있어 그 내부구조가 어떻게 되어 있는지 들여다보는 기분이었다. '경영'이라는 것에 대해 무엇인가 조금 알게 된 느낌이다.

책의 처음 부분에서는 블루오션 전략을 설명할 때 대기업, 대규모 사업 등이 소개되어 얼마간 이질감을 느꼈는데, 읽어갈수록 소규모의 일상적인 사업과도 연계된 소재가 나오기 시작해, 점점 동감하게 되고 흥미를 느낄 수 있었다.

블루오션 전략 원리는 비단 기업경영뿐 아니라 공동체 운영에도 많은 도움을 줄 것 같다. 이 책은 기존에 가지고 있던 생각의 틀을 바꾸어주며 사고의 신축성을 가져다 준다. 읽다보니 구태의연한 생활방식을 한번 바꿔보고 싶은 충동을 느꼈다.

성공사례 가운데 뉴욕 교통 경찰청에 취임한 브래튼의 예는 많은 것을 시사해 주고 있었다.
또한 동기부여 장애극복에서 킹핀, 어항 경영, 원자화 작전 등은 어휘부터 새롭고도 신선한 전략이라는 생각이 든다.
무엇보다 저자의 의도는 『블루오션 전략』을 통해 삶 전반에 걸쳐 시각 변화를 가져다 주려는 것이 목적이다. 이와 같은 전략을 시도할 때 새로운 가치 창출, 가치 혁신의 결과는 엄청난 변화를 초래할 것 같다.

내용 구성에 있어 저자는 경영원리와 실제 사례를 적절하게 접목시켜 이끌어 간다. 실제 사례로 45쪽을 보면 "와인상자의 양 측면에는 선명한 색깔로 '옐로테일'이라고 크게 인쇄하고, 소매상 종업원들에게는 오스트레일리아 전통의상인 부시맨 모자와 재킷을 입혀, 자사 상품의 홍보대사 역할을 하게 했다. 이들은 직접 고객의 상품선택을 도왔고 이러한 전략은 히트를 쳤다."
위와 같은 내용은 상품선택을 돕는 멋진 아이디어인 것 같다. 이런 발상과 전략이 이 책 곳곳에 나와 있다. 기업경영에 무엇인가 차별화를 가지고 새로운 전략을 구상하는 사람에게 좋은 안내서가 될 것 같다.

다만 성공사례를 읽어가면서, 블루오션 전략을 도입했더니 마치 힘 안 들이고 경쟁업체를 무난히 이긴 것 같은 인상을 받았다. '과연 그렇게 쉽게 빠른시간 내에 새로운 구매력이 발생 했을까?' '시장의 판로주도권을 힘 안들이고 잡을 수 있었을까?' 조금은 의아한 생각도 들었다. 그 과정에 있었던 애로사항을 어느 정도 삽입했으면 좋을 뻔 했다.

총평을 한마디로 갈한다면 이 책은 어떤 사업을 경영하든지 간에 꼭 한 번 읽어 볼만한 책이다. 마침내 여러모로 통찰력을 얻게 될 것이다.

※『블루오션 전략』이 책 역시 신학대학원 시절 <목회 분석> 과목의 필독도서였다. 목회 분석에 있어 꼭 참고가 될만한 책이라고 적극 추천해 주신 책이다

# 융의 정신분석 이론 이해

◇ 도서목록
· 앤터니스토, 융 『Carl Gustav Jung』, 이종인 역(시공사, 1999)
· 사미자, 『종교 심리학』, (장로회 신학대학교 출판부, 2001)
· 게르하르트 베어, 『융』, 김현진 역(한길사, 1999)

한 사람의 생애를 통한 사상과 업적을 알기 위해서는 먼저 그의 삶의 배경부터 살펴보는 것이 바람직하다고 생각한다. 그럼으로써 우리는 그의 사상이 나온 근저를 어느 정도 알 수 있게 되기 때문이다.

개인적인 배경

융(Carl Gustav Jung)은 1875년 스위스의 동북부 케스빌에서 개신교 목사였던 요한 P. A. 융(Johan Paul Achilles Jung)과 그의 아내 에밀리(Emilie Preiswerk Jung) 사이에서 장남으로 태어났다.

그의 아버지와 어머니 집안은 대대로 학자, 의사, 목사를 많이 배출한 지적인 가정이었다. 그러나 아버지는 좀 소극적이고, 회의적이며, 약한 성격의 소유자였으며 적극적이고, 고집스러우며, 강한 성격을 가진 어머니 사이에 다툼이 심하여 집안 분위기는 별로 밝지 못했고, 융의 성격 형성에 부정적인 영향을 미쳤다.

융은 가정을 제대로 이끌지 못하는 아버지를 이상적인 존재로 동일시할 수 없었다. 그 결과 그의 내면에 있는 남성상 역시 강력하게 형성되지 못했던 것이다. 그래서 그는 자존감이 부족한 성격이 되었고, 그의 밖에서 강한 아버지 상을 찾으려고 하였다. 나중에 그가 취리히 대학병원 시절의 스승인 브로일러(E. Blesler)와 프로이트에게 애착을 가졌던 것은, 어린 시절 부족했던 아버지 상을 그들에게서 찾으려고 했기 때문으로 본다. 융의 그런 태도는 기독교에 대한 그의 개념에도 많은 영향을 끼쳤다.

그는 그의 아버지로 대표되는 기독교를 결코 긍정적으로 바라볼 수 없었던 것이다. 그에게서 기독교는 언제나 죽음, 장례식의 울음소리, 강력하지 못한 하나님 상(像) 등 부정적인 색조를 띠고 있었다. 따라서 융은 언제나 나약한 아버지 상을 극복하려고 애썼으며, 그의 아버지가 믿었던 기독교의 하나님 대신, 스스로 강력한 하나님을 추구하려고 했다.

융은 자신의 어머니가 문제 많고 또 모순적인 인물이라고 말했다. 융의 어머니는 어떤 때는 전통적인 의견을 내세우다가도 비전통적인 성품이 발휘되어 자신의 의견을 곧바로 부정하기도 했다. 그 때문에 어린 융은 어머니가 말하는 것이 늘 어머니의 본심은 아니라는 것을 알아 차렸다.

더욱이 융이 세 살쯤 되었을 때, 어머니는 집을 떠나 여러달 동안 병원에 입원해 있었다. 융은 나중에 어머니의 발병이 결혼생활의 문제 때문에 발생한 것을 알았다. 어린 융은 어머니가 입원하자 피부병인 습진에 걸리고 말았다. 습진은 부분적으로 정서적인 부분과 관련이 있는 것으로 알려지고 있다. 그 결과 그는 여자들을 심하게 불신하게 되었고, 특히 어머니에게는 애정과 미움이 뒤섞인 태도를 취하게 되었다.

융은 아홉 살이 될 때까지 외아들로 있다가 여동생을 보았다. 더구나 그는 아버지, 어머니의 오랜 별거로 외로웠고 언제나 혼자 놀았고, 무서운 일이 있어도 혼자 감당하였다. 따라서 그만이 알고 있는 비밀이 많았으며, 그 비밀들은 아무에게도 말해서는 안 된다고 생각했다. 그가 이 때 많이 했던 놀이는 주로 불장난과 돌장난 이었는데, 그는 그만의 성스러운 불을 꺼트리지 않으려고 노력했고, 라인 강가에서 주은 돌을 보물처럼 다루었다. 그가 나중에 사람들의 마음속에 있는 불을 다루고, 마음속에 있는 보물인 자기(self)를 찾게 된 단초는 이 놀이들과 연결된다.

그는 성장한 다음에도 대외적인 활동보다는 혼자서 연구하고, 환자를 돌보거나 제자들을 가르치고 돌이나 나무를 조각하는 것을 더 좋아했다.
그는 시골학교에서 친구들과 사귀는 것을 좋아했지만, 지적으로 친구들보다 훨씬 앞서 있어서 비슷한 또래와는 친하게 지내지 못했다.
융은 마음이 따뜻하고 동정적이고 이해심이 깊은 아이였다. 그러나 그 자신의 글로 미루어 볼 때 그에게는 사람들과 친숙하게 사귀는 것이 쉽지 않은 듯했다.

하지만 어린 시절에 강요된 고독은 나중에 그가 자기분석을 벌일 때 큰 도움이 되었다. 그에게 가장 중요한 인생 경험은 그가 혼자 있을 때 발생했다.
그의 자서전에는 개인적인 인간관계에 대해서는 거의 언급이 되어 있지 않다. 아내에 대한 얘기 조차도 별로 나오지 않는다. 그리고 아내의 죽음을 언급한 글도 극히 간략하게 씌어 있다.

"1955년 나의 아내가 죽고 난 후에, 나는 나 자신이 되어야겠다는 내적인 의무를 느꼈다."

이런 고독감을 좋아하는 자세 때문에 융의 심리학은 주로 개인의 정신이라는 범주 내에서 걸어지는 인성(人性)의 성장과 발달과정에만 관심이 있을 뿐, 개인 간의 관계에 대해서는 소홀했다.

# 융 심리학의 특징

융의 심리학 사상 가운데서 가장 중요한 개념은 콤플렉스이다. 융이 처음에 그의 심리학을 콤플렉스 심리학(complex psychology)이라고 부르다가, 그 개념이 일반화되면서 변질되자 분석심리학이라고 부를 정도로 콤플렉스는 그의 심리학에서 중요한 개념인 것이다.

심층 심리학에서 콤플렉스에 대한 연구는 먼저 프로이트에 의해서 시작되었다. 그러나 프로이트는 그것을 "오이디푸스 콤플렉스"나 "어머니 콤플렉스" 등 다른 현상과 같이 연구했던 반면, 융은 그것이 무의식을 구성하는 핵심 요소라는 생각에서 콤플렉스 자체를 깊이 연구해서 1928년 『정신의 에너지』를 발표하면서 콤플렉스론을 확립하였다.

우리는 보통 콤플렉스를 열등감과 동일시하는데, 융에 의하면 콤플렉스는 열등감처럼 때때로 우리를 난처하게 할 수도 있는 정신요소이지만 열등감 자체는 아니다. 그에 의하면 콤플렉스의 가장 큰 특징은 그것이 인간의 정신에서 정서적인 내용들 가운데 핵을 이루고 있다는 것이다. 그래서 콤플렉스가 출현할 때, 즉 자기에게 있는 콤플렉스와 관계되는 상황이 연출되거나 말이 나오면, 사람들은 괜히 숨이 가빠지거나, 얼굴이 붉어지거나 당황해 하는 등 정서적인 반응을 보이게 된다는 것이다. 열등감이 콤플렉스와 동의어로 쓰이게 된 것도 사람들이 열등감을 느낄 때 콤플렉스를 가장 인상적으로 체험하기 때문이라는 것이다.

다음으로 또 다른 특징은 자기실현의 과정이다.

융은 평생동안 자기 내부의 양극단을 조화시키는 일에 몰두했다. 그래서 융은 주관적인 것과 객관적인 것, 내향과 외향, 선과 악 사이에서 균형을 잡는 것이 중요하다고 생각했다. 인간은 육체적이면서 정신적이고, 이성적이면서 감성적이고, 성인(聖人)이면서 죄인이었다. 융이 볼 때, 심리적 기능의 전적인 에너지는 이러한 양극단의 긴장으로부터 오는 것이었다.

융 자신이 말한 것처럼 자기실현의 과정은 융 심리학의 또 하나의 핵심 개념이다. 무의식의 초월적인 기능을 가능하게 하는 것도 자기이다. 자기는 끊임없이 실현 되려고 한다. 태어나는 순간 타고났던 통합성이 성장

과정에서 적응을 위하여 분화되었던 것을 더 큰 차원에서 다시 통합하려는 것이다.

이처럼 융은 인간정신의 궁극적인 목표를, 사람들이 자기를 실현하는 것이라고 말했다.

태어나는 순간부터 우리에게 주어져 있는 고유한 개성을 발견하여 그것을 그대로 드러내는 것이 자아의 궁극적인 목표라고 주장한다. 그는 이 과정을 개성화 과정(the process of individuation)이라고 불렀다. 이 과정을 통해서 사람들은 더 이상 분열되지 않는(in-divide) 자신의 고유한 특성을 찾을 수 있기 때문이다. 이러한 개성화 과정은 인생의 후반기인 중년 이후에 더욱 더 필요하다고 융은 강조하였다.

간추려 살펴볼 때 그의 심리학은 정신치료 뿐만 아니라 인간정신이 궁극적으로 지향해야 할 목표인 개성화를 제시하였다.

이와 같은 이유로 그의 심리학은 1980년대 이후 많은 사람들에게 주목받고 있다. 그의 심리학은 현대사회의 여러 가지 분열적인 상황들에서 비롯된, 내면적인 분열을 통합하려는 현대인들의 욕구에 많은 답을 주고 있다.

## 책을 읽고나서

"융, 그의 사상은 상당히 난해해. 그가 정신분열증 환자를 다루다 보니까 너무 그쪽으로만 치우쳐서 좀 이상해. 그의 꿈, 상징, 신화 등은 지나치게 신비적이고 환상적이야." 이제 왜 사람들이 그에 대해서 이렇게 말을 하는지 융에 대한 책들을 읽으면서 좀 알 것 같아진다.

그는 각각의 개인을 통하여, 인간의 원초적, 근원적 심리상태 및 영혼이 실제 하는 정신세계에 대해서 단호히 파헤쳐 보고 싶은 강한 열망이 있었다. 융은 어쩌면 그와 같은 열망을 가지고 결국 자신을 알고 싶었던 것이 아닐까?

자신 속에서 일고 있는 혼란, 표현키 어려운, 그러나 분명 자신의 내부에 존재하는 자기만이 알고 있는 정신세계를 리얼하게 분석해 보고 싶었던 것으로 추측된다.

"융"은 누구보다 머리가 명석했고, 어릴 적 가정생활에서 어머니의 이중적 성격 앞에 혼란을 느꼈고, 아버지에 대한 신뢰 부족과 무능력에 대한 인식으로 남다른 고뇌를 한 것 같다. 이 알지 못하는 양극단의 원인이 자신도 모른 채 잠재되어 있다가 성인이 되어 정신과 의사를 지망하게 된 것 같다. 자신이 누구인가에 대해 알고 싶었던 것이 무의식적 동기가 되어 여러 가지 정신분석 용어도 만들어낸 것으로 보여진다.

그는 생의 중반까지 본인 스스로 많은 갈등의 시간을 보낸 것으로 보여진다. 그러나 후반기 이후 점차 조화와 평정을 이루어 나갔으며, 여러 탐구과정을 통하여 종래는 유명한 정신분석학자이며 정신과 의사로써 기여할 수 있었다. 그 결과 그가 연구한 모든 연구들은 훗날, 후세에 오는 이들에게 더할 나위 없는 훌륭한 지침서가 되었다.

 프로이트의 정신분석은 다른 사람과의 원숙한 관계의 발달을 최종목표로 삼았는데 이것을 간략하게 성기성(性器性)이라고도 한다. 물론 이 개념은 성교 이상의 것을 그 안에 포함하고 있다. 프로이트는 성의 오르가즘적 발산에 최대한 가치를 두었고 모든 신비한 경험과 정서적 경험은 성의 파생물 혹은 대리물이라고 보았다.

 이에 반해 융은 고독함을 좋아하는 자세 때문에, 그의 심리학은 주로 개인의 정신이라는 범위 내에서 벌어지는, 인성의 성장과 발달과정에만 관심이 있을 뿐, 개인 간의 관계에 대해서는 소홀했다. 그러나 융도 성이 양극단을 비합리적으로 통합시킨다는 점에서는 신비한 의미를 가지고 있다고 보았다. 그런 의미에서 성은 전체의 상징이 된다고 보았다.

 융은 개인의 마음 그 자체에서 벌어지는 통합, 혹은 균형을 그 최종목표로 삼고 있으며 나아가 종교적인 통합적 경험에서 지고의 가치를 발견하려 했다.

 "융"은 자연과학 쪽으로도 상당한 관심과 재질이 있었던 심리학자이며 의학자였다. 따라서 그의 이론은 지극히 실험적이며 실제 현상에 근거한 분석적인 면을 가지고 있었다. 따라서 그의 탁월한 정신 분석력은 가히 유럽 정신의학계에서 자주 만날 수 없는 놀라운 진보를 가져다 주었다.

 내가 받은 은혜?

 나 자신을 거울에 비춰 보듯이 이 글을 통해 융의 사상을 어렴풋이나마 알게 되었고, 아울러 내 자신의 정신세계 내면을 모처럼 들여다보는 계기가 되었다.

흑(黑)이 있을 때 백(白)이 더욱 희게 느껴지듯이 "프로이트"라는 거장의 학설이 있었기에 그것을 디딤돌로 하여 "융"도 위대한 사상을 잉태한 것으로 본다.

융은 동양의 도가(道家)사상에도 관여함으로써 동서양 양쪽을 통하여 정신세계를 더욱 깊이 연구한 것으로 나타난다.

동(動)이 있으면 정(靜)이 있듯이 이 둘을 통합하고 조화를 찾으려는 태도는 오늘을 살고 있는 우리에게도 꼭 필요한 삶의 자세인 것 같다.

※ "융의 정신분석 이론 이해"의 글은 신학대학원에서 〈인간행동과 사회환경〉이라는 과목을 이수하는 과정 중 제출했던 보고서의 내용을 정리해 핵심내용만 간추려 올린 글이다.

〈전국 독후감 공모전 대상〉

# 『천국가는 외길』

진희근 저, 예영커뮤니케이션. 2006. 232쪽

2006년이 다 가고 있는 12월 어느 날.

나는 전철에서 이 책을 처음 읽기 시작했다.

1부의 1장을 다 읽고는 그 다음 장으로 바로 나갈 수가 없었다. 왜냐하면 마치 성령이 내 등을 밀면서 '네가 이와 같은 상황을 알면서도 네 입을 열지 않아도 되겠느냐?' 라고 묻는 것 같았기 때문이다.

사도행전에서 사람들이 베드로의 설교를 듣고 마음에 찔려 "형제들아 우리가 어찌 할꼬"라고 탄식하던 소리가 바로 내 음성이 되어 퍼져나가는 것만 같았다. 이런 생각을 하고 있는 사이에 어느새 교대역에 이르렀다. 갈아타기 위해 역 통로를 걸어가고 있었을 때 내 앞으로 많은 사람들이 걸어가고 있었다. 그 사람들의 뒷모습을 보면서 '저들이 정말 다 예수를 믿고 있을까?'하는 의문이 일어나며 '모두들 예수를 믿고 지옥에 가지 맙시다.' 라고 소리치고 싶은 충동을 느꼈다.

지난날 전철 안에서 "주 예수를 믿으시오. 그렇지 않으면 지옥이 우리를 기다리고 있습니다."라고 외쳐대던 사람의 심정이 이해가 갔다. 또한 예수님이 공생애에 들어서면서 왜 첫 번째 메시지로 "때가 찼고 하나님 나라가 가까이 왔으니 회개하고 복음을 믿어라"(막 1:15)라고 하셨는지 알

것만 같았다.

갈아탄 전철 안의 바로 옆 사람에게도 '당신 예수 믿으세요?'라고 물어보고 싶었다. 하지만 느닷없이 물으면 이상한 사람으로 취급당할까봐 망설이다가 묻지 못했다. 이런 현상은 참으로 내게는 일찍이 없었던 일이다.

전철 안에서 다시 책을 읽어나갈 때 또 다른 성령의 이끌림을 받는 듯했다. 마치 구원을 향한 성령의 잔잔한 음성이 또다시 들리는 듯했다. 광야에서 외치던 세례요한의 "회개에 합당한 열매를 맺으라"(눅 3:8)하던 그 말씀도 같이 떠올랐다.

솔직히 난 이 책을 읽기 전에는 "전도"라는 주제가 나오면 자꾸 주저하게 되고 마음이 썩 내키지 않았었다. 이유인즉, 예수를 믿는다고 하는 크리스천 중에 더러는 믿지 않는 사람들의 마음에 좋지 않은 인상을 심어주기도 하기에 나는 '성화' 곧 자기성찰에 더 눈을 돌릴 것을 원하고 또 강조했다. 그래서 양육과 교육 쪽에 더 관심을 기울였다. 그런데 이 책을 읽으면서 가장 시급한 문제가 무엇인가를 깊이 깨닫게 되었다. '전도만큼 절박한 문제가 또 어디 있겠는가?'라는 생각이 들기 시작했다.

저자의 천국과 지옥에 대한 개념은 오늘날 신학자들 사이에서도 여러 의견으로 갈리고 있는 부분이다. 어쩌면 이들 신학자가 가지고 있는 신학적 양분화가 복음의 역동성을 약화시키고 있는지도 모르겠다.

칼빈이나 루터, 아니 그 이전 초대교회의 수많은 순교자들, 곧 로마의 카타콤에서 평생을 햇빛 한번 못보고 죽어간, 안타까운 영혼들이 있는데도 오늘날 소위 유명하다는 신학자들 가운데는 다음과 같이 말하는 이도 있다. "하나님은 사랑의 하나님이시므로 우리를 지옥으로 보내실 리가 없다. 종말에 이르면 모든 인류는 다 천국으로 이끌림 받게 될 것이다."라고 주장한다. 어떤 학자는 아주 단도직입적으로 "지옥은 없다"고까지 말하는 경우도 있다.

이런 신학적 경향은 오늘날 신학생들에게 상당한 영향을 끼치고 있다고 본다. 그런데 이 책은 그런 신학조류가 얼마나 잘못된 것인가를 분명히 말해주고 있다. 따라서 이 책은 바른 복음신학을 안내해 주는 지름길 역할을 할 수 있을 것으로 본다.

저자는 죽음 이후를 말씀을 통하여 분명하고도 확실하게 밝히고 있다. 죽음, 부활, 영생 이런 단어들이 내 머릿속에 따로따로 떼어져 있다가 마치 퍼즐 맞춰지듯이 정리가 된다. 이 책은 '진정 부활이 가능할까?'라고 의심하는 사람에게 정곡을 찌르는 답을 주고 있다.

저자는 이 책에서 "십자가와 기독교의 핵심은 '내가 어떤 존재가 되는가'에 있는 것이 아니라 예수님이 나를 위해서 무엇을 하셨는가'에 있다."고 말하고 있다. 이 부분은 바로 기독교가 여타 종교와 다른 가장 핵심적인 부분이다. 즉 예수 그리스도는 나를 위해서 당신 자신을 계시하고자, 이 땅에 내려오신 하나님 자신이다. 그러므로 우리는 그를 통해서 하나님을 만날 수 있게 된다. 이것이 바로 타종교와 구별되는 계시종교의 특징인 것이다. 저자는 이 책에서 이 내용을 잘 밝혀 주고 있다.

2부에 가면 종교개혁 기사가 나온다. 종교개혁이 일어난 이유에 대해 간단명료하게 서술하고 있다. 따라서 종교개혁의 근본배경을 알고자 하는 사람에게는 많은 도움을 줄 것으로 여겨진다.

'믿음'이란 믿는 자에게는 쉬운 일이지만 믿지 않는 자에게는 납득하기 어려운 주제이다. 이처럼 양면성을 띠고 있는 '믿음'에 대해 저자는 적절한 예화를 삽입하여 알기 쉽게 설명하고 있다. 그러므로 이 책은 믿음을 갖기를 원하는 사람에게 꼭 권하고 싶은 책이다.

이 책은 어떤 논제에 대한 저자의 주관적 주장이라기 보다 개개인과 직결된 삶과 죽음의 문제에 대해, 말씀에 근거하여 객관적으로 그 내용을 다루고 있다. 따라서 예수를 믿을 것인가에 대해 갈등하고 망설이는 이들에게 귀한 안내서 역할을 할 것 같다. 마치 길을 가던 나그네가 길목 어귀에서 어느 쪽으로 가야 할지를 몰라 당황스러워하고 있을 때, 어느 친절한 안내자를 만나듯이 말이다.

캄캄한 밤.

파도치는 바다에서 방향을 잃고 헤매이던 배가 등대불을 발견하고는 배가 좌초되는 것을 면할 수 있는 것처럼, 이 책의 글들은 바로 죽음에서 삶으로 향하는 '소리'요 '빛'이라는 생각이 든다. 문체는 간략하고 때로 어떤 부분은 어린아이 표현처럼 단순하지만 이 글 속에는 복음이 숨 쉬고 있고, 예수 그리스도의 생명을 살리려는 안타까운 심정이 녹아져 있다.

3부에 들어와 "당신을 위한 십자가의 사랑"이라는 대목은 멀게만 느껴지던 십자가와 나와의 관계를 실감나게 이어준다.

나를 위해 죽으시기로 작정하고 오신 예수님! 이 책은 예수님의 십자가 위에서의 마지막 운명 장면을 통해 사랑의 진가가 어떤 것인가를 현장감 있게 잘 묘사해 줌으로써 독자의 심금을 울리고 있다. '그렇다. 십자가는 고통의 모습으로 찾아온 사랑의 표현이다. 아픔 없는 사랑이 어디 있으며 고통 없는 사랑을 어찌 '사랑'이라고 말할 수 있을까?…'

저자는 한 짧은 실화를 도입해 감동적인 글을 넣고 있다. 즉 추운 겨울 아기를 살리기 위하여 아기를 따뜻하게 해주려는 나머지, 자신은 벌거벗은 채로 얼어 죽어간 한 여인의 사랑을 통하여, 예수 사랑의 그림자를 보여주려고 고심한 흔적이 엿보인다. 이 책은 단순한 설교모음을 한데 묶어 책으로 내 놓은 것이 아니다. 뚜렷한 한 가지 주제를 가지고 체계적으로 엮어 나갔다. 중간 중간 인상적인 예화가 들어 있어 지루하다는 느낌이 들지 않는다.

아쉬운 점이 있다면 한 단원에서 취급했던 내용이 다른 단원에서도 일부 반복되어 그 효과가 다소 줄어 들었다는 느낌이 든다. 그리고 문장 구성에 있어 좀 매끄럽지 않은 부분도 발견된다. 하지만 이 책이 그러한 지엽적인 문제를 뛰어 넘을 수 있는 큰 장점이 있다면 그것은 독자로 하여금 복음 전도에 열정을 불붙인다는 점이다.

이 책은 학문적인 지식을 높이는 전문서적도 아니고 교양을 쌓기 위한 교양서적도 아니다. 이 책은 마치 주님께서 하박국 선지자에게 "너는 이 묵시를 기록하여 판에 명백히 새기되 달려가면서도 읽을 수 있게 하라"(합 2:2)고 명령하셨던 것처럼 오늘 이 시대에, 바로 그 명령을 저자가 받아 써 내려간 것 같은 인상을 준다. 그러므로 요한계시록 초두에 나오는 말씀처럼 이 책을 읽는 자와 듣는 자와 행하는 자가 복이 있을 것이라는 생각이 든다.

미국의 대 부흥사 D.L 무디가 어느 날 시카고 중심가 대로에서 목을 놓고 통곡을 했다고 한다. 그 때 한 사람이 그에게 다가가 "왜 이렇게 길바닥에서 큰 소리로 울고 있습니까?"라고 물었을 때 그는 다음과 같이 말했다. "이 길을 걸어가고 있는 뭇 사람들이 몸은 살아 있지만 그 영혼은 모두 죽은 자들로 보여서 내가 안타까워서 웁니다."

이 책의 저자도 무디와 같은 심정으로 호소하고 있는 듯하다. 이 책을 다 읽고 난 독자라면 그 또한 이 책이 다른 사람들 손에 쥐어질 때 알에서 병아리가 깨어져 나오듯, 그들 심령 속에 기적의 역사가 일어나기를 염원하게 될 것이다.

도산 안창호 선생을 기리는 뜻에서 세워진 도산공원에는 다음과 같은 글귀가 바위에 새겨져 있다.

"나라를 위해 무엇인가 해야 된다고 생각하는 이가 있는가? 그렇다면 그렇게 생각하는 그대가 그 일을 할 수는 없는가?"
"죽어가는 영혼을 향해 절박한 심정이 드는가? 누군가 그 일을 해결

해 주기를 바라기 전에 안타까워하는 그대가 그 일을 먼저 할 수는 없는가?…"

어둠이 가시며 새벽이 밝아오는 이 아침에 한 권의 책을 덮으면서, 이 말은 곧 내게 들려오는 주님의 음성만 같다.

< 독후감 당선 소감 >

새해가 막 시작되는 1월 5일. 낮 3시경 출판사를 통해 뜻밖의 기쁜 소식을 휴대폰을 통해 들었습니다.

"대상?…"

그 순간 제 마음은 어린아이처럼 기뻐서 제 입에서 "와!"하고 함성이 터져 나왔습니다.

마침 교수님 댁에서 여러 목사님들과 함께 점심식사를 마치고 들러앉아 이야기를 나눌 때였기에, 엉겁결에 박수갈채를 받고 말았답니다.

'이런 일이 내게도 있다니!' 얼른 믿겨지지가 않았습니다.

우선 하나님께 감사하고, 이런 기회를 마련해 주신 예영커뮤니케이션에게도 감사하고 책을 쓰신 목사님께도 감사합니다.

뒤돌아보니 이곳 교회를 떠난지 벌써 3년이 넘었습니다. 마치 어느 한 소년이 작은 종이배를 만들어 냇가에 띄우곤 이 배가 어떻게 흘러가나 지켜보았듯이, 그 동안 주님께서는 '저'라는 종이배를 냇가에 띄워 놓으시곤 소년처럼 그렇게 지켜보고 계셨던 것 같습니다. 주님은 한시도 제게서 눈을 떼지 않고 늘 지켜보고 계셨던 것을 믿음으로 고백하게 됩니다.

제가 아주 어릴 적, 어머니께서는 숯불을 피우려고 풍로 위에 숯을 놓으시고는 부채질을 하다가 숯불이 잘 안 피어나면 풍로 옆에 구멍이 나 있는 곳에 둥구를 대고는 마구 돌려대셨습니다. 그러면 어느새 빨간 불이 살아서 피어오르던 기억이 납니다.

오늘 불현듯 그 생각이 납니다. 주님께서 저에게 새바람을 불어 넣어

주시고 숯불을 살려 피워내라고 하시는 것 같습니다.
 어제의 모든 것은 저의 "역사"이고
 오늘의 모든 것은 제게 주어진 "선물"이며
 내일의 모든 것은 제가 알지 못하는 "신비"인 것 같습니다.
 과거는 역사로 남고 선물로서 주어진 오늘에 최선을 다하며, 내일의 신비를 기대하며, 소망의 문을 향해 걸어가겠습니다. 다시 한번 오늘 이 자리를 주신 하나님과 관계된 모든 분께 진심으로 감사드립니다. 고맙습니다.

# 에필로그

### 중간 마침표.

조금 전, 오래전부터 쓰기 시작했던 이모저모의 글들을 나름대로 분류하는 작업을 끝냈다.

예전엔 먼 길, 부산행 기차를 타고 갈 땐, 대전역쯤에서는 내려서 오뎅도 사먹고, 가락국수도 '후루룩' 서서 마시지 않았던가!

그때의 기분을 되살려, 난 책상에 앉아 수박 한 조각을 입에 물고 어슥어슥 씹어가면서 이 글을 쓰고 있다. 라디오에서는 오후의 무풍지대를 깨우듯, 무더위 속을 뚫고 KBS FM 음악이 흘러나오고 있다.

### 끝맺는 마침표.

어언간 30년 가까이 흘렀다.

그때로부터 나의 즈각보 속에는 작고, 큰 글들이 모아지기 시작했다. 이제 마치 묵은장 맛보듯이 글 장독대 위에서 장 뚜껑을 여는 기분이다. 무더운 여름, 살인적 더위 속에서 중간 마침표를 찍기까지 힘들었지만 즐거운 시간들을 보냈다.

하루 샤워를 서너 번, 세수는 더 말할 수도 없이 여러 번 했다. 수건으로 얼굴을 닦기 전까지 찬 기운을 남겨 놓으려다가 원고지가 얼룩진 일

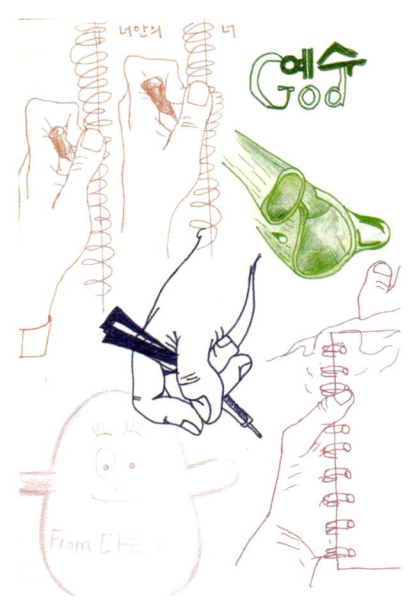

도 있었다.

  이 글, 저 글을 뒤지다 보면 어느새 날이 저물기도 했다. 한여름 더위 속에 껍질 속 콩알들이 영글어 가듯이 올 여름은 나의 글 모음 작업도 함께 알들이 채워져 가는 시간이었다.

  여름도 가고, 가을도 지나고 어느덧 겨울 문턱에 다다른 '입동'이라는 단어를 입에 올리게 되었다.
  '내 인생의 조각보'의 한 조각, 한 조각은 색깔도 다르고 모양새도 다르지만 한데 모아보니 빨강, 초록, 노란색이 집 앞 공원의 단풍잎과 같다는 생각이 든다.

오색으로 단장한 잎들이 아직은 가지마다 붙어 있어서 흡사 가을의 잔치마당 같기만 하다.
이 책 속에서도 작은 글들의 모임이 그렇게 조화를 이루어 냈으면 좋겠다.

꿈꾸는 조각보 속의 글들!
'내 인생의 조각보'는 오랫동안 꿈을 꾸고 있다가 드디어 빛 속으로 나올 채비를 차리고 있다.

오늘도 나의 인생의 조각보는 만들어져 가고 있다.
또 다른 '조각보'의 꿈과 함께…

2019년 11월

독후감
## 『꿈을 담은 조각보』를 읽으며 …

『희망레슨』 저자 이필경 목사

　김선희 목사님으로부터 등기우편을 받았습니다. 『꿈을 담은 조각보』라는 책이었습니다. 제목이 먼저 눈에 와 닿았습니다. 저자가 조각보에 담은 꿈은 무엇일까? 궁금한 마음으로 첫 페이지부터 읽어나가기 시작했습니다.

　저자는 30여년 동안 지속적으로 글을 써왔고, 세월이 흘러가는 만큼 조각보 속에 글들이 쌓여갔다고 했습니다. 많은 사람들은 세월이 흐르는 동안 기력이 빠지고, 주름이 늘어나면서 먹어야 할 약들이 쌓여가지만, 저자는 시간이 흐를수록 조각보에 글들이 쌓여갔다는 말이 너무 감동적이었습니다.

　일상 속에서 겪었던 일들, 손녀가 써준 편지, 국내외 여행, 영화와 연극 그리고 읽었던 책들… 이런 것들은 지극히 평범한 일상일 수 있고, 누구나 한번쯤 생각해 볼만한 내용들이었습니다. 그러나 페이지가 넘어갈수록 저자의 관찰력과 표현의 깊이를 느끼며 감탄할 수 밖에 없었습니다.

거미는 마음대로 거미줄을 품어대는 것 같지만, 거미줄이 완성된 후에 보면 머리 속에 설계도가 있는 것 같습니다. 『꿈을 담은 조각보』를 읽고 있노라면 저자가 거미처럼 굉장히 치밀하게 이야기를 만들었다는 것을 알 수 있습니다.

저자는 30여년 동안 조각보 속에 모아 놓았던 글들을 세상에 내놓는다고 말했습니다. 그 이유는 저자의 삶 속에 깃들인 하나님의 참빛을 많은 독자들과 나누고 싶기 때문이라고 말하고 있습니다.

각종 야채들이 모여서 맛있는 비빔밥으로 만들어지듯이, 저자의 조각보에서 30여년 동안 모아졌던 이야기들이 모여서 한 권의 책이 되었습니다. 이야기들이라는 재료와 생각이라는 양념들로 잘 버무려서 감동을 전해주는 이야기로 만들었습니다. 저자는 소소한 이야기들이지만, 결코 가볍게 지나칠 수 없도록 만드는 솜씨가 있습니다.

영국의 시인 윌리엄 블레이크는, '같은 나무를 보더라도 우둔한 사람과 현명한 사람은 다른 것을 본다'라고 말했습니다. 저자는 누에가 고치에서 실을 풀어내듯이 누구나 경험하는 일상에서 자신만의 생각으로 감동적인 이야기들을 잘 풀어서 썼습니다.

저자의 나이가 70대임에도 불구하고 글을 읽을수록 저자의 나이를 잊게 만듭니다. 오히려 아직도 소녀와 같은 감성을 가지고 있다는 것을 느낄 수 있었습니다. '어찌보면 이런 글을 30여년 동안 지속적으로 썼기 때문에 소녀와 같은 감성을 유지하고 있는 것은 아닐까?'라는 생각이 들게

합니다. 『꿈을 담은 조각보』를 읽으면서 나이는 숫자에 불과하다는 생각이 들게 합니다.

아무쪼록 독자들께서도 『꿈을 담은 조각보』를 읽으면서 여러분의 이야기 조각보를 기록해 보십시오. 괴테는, "당신이 무엇을 하고 무엇을 꿈꾸던, 지금 시작하라. 대담함은 그 속에 천재성과 힘, 마법을 품고 있다."고 말했습니다. 여러분도 지금 시작해 보십시오. 몇 년 후 혹은 몇십 년 후에 여러분만의 이야기 조각보가 한 권의 책으로 만들어지게 될 것입니다.

독후감

# 『꿈을 담은 조각보』

김 정 민

(우리은행 지점장)

눈발이 조금씩 내리는 오후,
책상에 앉아 책장을 넘기다보니 단숨에 글을 다 읽었습니다.
일상의 이야기들이 소소한 행복을 가져다 주었습니다.
제가 박완서님 글을 좋아한다고 말씀드렸던 것 같습니다. 그 분의 글이 쉽고도 공감력이 있어서 단숨에 읽기 편했습니다.
목사님의 글도 삶에 얼마든지 일어날 수 있는 일상을 편안하게 써 주셔서 참 좋았습니다.
한장한장 소중하게 예쁜 조각천들을 모아 정성들여 조각보를 만들어가는 모습이 상상이 됩니다. 읽다보니 저절로 미소가 얼굴에 피어오르는 글들이었습니다.
가슴 속에 잔잔한 파도를 남겨주는 즐거운 내용으로 행복한 주말을 보낼 수 있었습니다.

## 꿈을 담은 조각보

·**초판 1쇄 발행** 2020년 3월 13일

·**지은이** 김선희
·**펴낸이** 민상기
·**편집장** 이숙희
·**펴낸곳** 도서출판 드림북
·**인쇄소** 예림인쇄   **제책** 예림바운딩
·**총판** 하늘유통(031-947-7777)

·**등록번호** 제 65 호 **등록일자** 2002. 11. 25.
·경기도 의정부시 가능1동 639-2(1층)
·Tel (031)829-7722, Fax(031)829-7723

·잘못된 책은 교환해 드립니다.
·이 출판물은 저작권법에 의해 보호를 받는 저작물이므로 무단 복제할 수 없습니다.
·독자의 의견을 기다립니다.